どん底から生まれた宅急便

ヤマト運輸元社長
都築幹彦

日本経済新聞出版社

まえがき

私が入社した１９５０年（昭和25年）、このころのヤマト運輸（以下ヤマト）は、決して順風満帆な会社ではなかった。

かつては関東の雄として輝いていたヤマトだったが、日本経済が高度成長期を迎え、貨物輸送量が大幅に増えるなか、好況の波に乗れなかった。長距離路線に出遅れたために関西の業者に大きく差をつけられ、じり貧への道に迷い込んでいた。

入社7年目に辞令が出て本社営業課長になると、その2年後、後の2代目社長となる小倉昌男さんが、私の上司である営業部長になった。まさか、その小倉さんが、事業の大転換を決断する稀代の名社長になるとは、そして、以後30数年にわたって一緒に仕事をするようになるとは、考えもしなかった。これが縁というものだろうか。

当時、小倉さんとは、酒を飲みながら盛んに議論した。

「ヤマトは、何の特色もない運送会社だ」というのが、いつもの口癖だった。

ショックだったのは、当時のベストセラー『危ない会社』（古部都美著、光文社刊）のなかで、陸運会社として唯一、「あまり成績のよくない会社」としてヤマトが選ばれたことだった。

そう書かれてもやむをえないなと思いながらも、このときの衝撃は大きかった。

会社が傾かないうちに早く立て直さなくてはならないと思ったが、どうすればいいかわからなかった。しかし、振り返れば、このときが、宅急便が生まれた原点だったのかもしれない。


この本は、ヤマトがどん底だった1970年（昭和45年）から、宅急便を開始した76年（昭和51年）を経て、全国ネットワークをほぼ完成させた90年（平成2年）までの、死ぬか生きるかの激動の20年を中心に書き記したものである。

宅急便を開始するにあたっては、越えなくてはならない2つの厚い壁があった。

ひとつは、社内の壁である。

当初は、すべての社員が宅急便の事業化に反対だった。古手の大型トラック運転士を中心に皆が大口商業貨物の取り扱いに慣れ親しんでいたため、手間のかかる小口荷物を扱うことに対する拒否反応が強かった。当然、労働組合の執行委員会も全員が反対だった。

組合に理解してもらおうと小倉さんと腐心したが、当時は日本中で組合活動が活発な時期だった。オイルショックで取扱量が激減するなか、24時間ストライキもあり、宅急便という斬新な発想もアイデア倒れとなってしまうのではないかと思うことが何度もあった。

もうひとつは、社外の厚い壁である。

社内の壁を突破したことで、まずは、路線免許がある関東域内で宅急便を開始することができた。しかし、運輸省に全国の免許を申請したところで、はたして、それが認められるのかという問題があった。実際、全国に免許を持つ運送会社など1社もなかった。

しかし、全国ネットワークを持たなければ取扱個数は増えないし、取扱個数が増えなければ、宅急便のカギを握る「密度化」を実現できない。

当時、全国ネットワークを持っていたのは、国営の郵便局だけだった。郵便局に対抗するためにも、なにがなんでも全国免許をとらなくてはならない。そのために何年かかるか、あるいはそもそもそんなことが可能なのかどうか、まったく先が見えなかった。

いまでこそ、世の中で欠かせない当たり前のサービスとなった宅急便だが、当初は「民間会社では事業化できない」と言われていた。

それは、なぜか。そして、事業化できないと言われていた宅配事業に、なぜヤマトは挑んだのか。あと数年で創業100年を迎えるヤマトとは、いったいどんな会社だったのか。

この間、世の中は大きく変わり、ヤマトにも幾多のドラマが生まれた。振り返れば、何度も沈没しかかった船に乗り合わせたことが、私の人生にとって幸いだったのかもしれない。

宅急便の立ち上げから軌道に乗るまで、直接携った実体験を歴史の証人としてぜひ書き残してほしいという、社員や社外の方々からの要望を受けて、記憶を呼び戻しながら激動の20年間を綴ることにした。

なお、本文中の会社名や肩書は当時のままとした。

都築　幹彦

2013年4月

どん底から生まれた宅急便

目次

第4章 運輸省の厚い壁を打ち破る

装丁――鈴木　堯＋岩橋香月〔タウハウス〕

［第1章］どん底のヤマト運輸

小倉昌男さんとの出会い

1950年(昭和25年)に大和運輸(旧社名、以下ヤマト)に入社した私は、通運部の汐留営業所に配属されたが、7年目の57年、ヤマトの主要部門である路線トラック部門に異動となった。路線トラック部門では営業課長を6年あまり務めたが、業績は一向にあがらず、どうしたらよいか、葛藤の連続だった。毎月の業務会議や予算会議では、部門の業績が赤字である理由を説明しなければならず、つらかった。黒字になったのは、ほんの数カ月だけだった。

長い歴史のあるヤマトのトラック便は、関東地方の雄として輝いていた時代もあったが、惰性というレールに乗り、硬直化した体質から革新をはかることができなくなっていた。

営業課長在任中は4人の部長に仕えた。このうち2番目の上司が、後に2代目社長になる小倉昌男さんだった。59年のことである。初めのうちは、気難しい人だなあと感じていた。

小倉さんは、48年にヤマトに入社した。病気で休職し、復帰して子会社である静岡運輸の総務部長を務めた後、本社に戻り、57年には百貨店部長に、その2年後に私の上司にあたる路線トラック部門の営業部長に就任した。

それまで私は、小倉さんとまったく接点がなかったが、これ以降30数年間にわたり、どういう

小倉昌男会長(右)と私。1989年７月26日、本社の役員応接室で撮影。

巡り合わせか、常に小倉さんの部下だった。

ふたりが出会ったとき、小倉さんも私も、ヤマトの主力であるトラック輸送（大和便）について知識も経験も持っていなかった。小倉さんは路線トラック部門の営業部長になったばかりだったし、営業課長になるまで国鉄輸送貨物を扱う通運部の知識しかなかった私は、慣れない本社の課長として2年目に差し掛かったときのことだった。

小倉さんの父親である小倉康臣初代社長が「路線トラック部門を立て直すには、トラック便の経験がない者にやらせたほうがよいだろう」と考えて行った人事配置だったと、後にご本人から聞いた。

いまにして思えば、経営について勉強するいい機会を与えてくれたと感謝しているが、おかげで、小倉さんと私は赤字部門の立て直しで苦労させられることになった。

「ヤマトは、何の特色もない運送会社だ」

小倉さんとは、部長と課長の間柄になってから、路線トラック部門の体質を変えるためにはどうしたらよいか、酒を飲みながら盛んに議論した。

そのころはまだ、後に始めることになる宅急便のような「個人の荷物を扱う」といった発想はなかった。実際にどうすればよいのかわからなかったが、いまの運送サービスを改善する程度ではどうしようもないということで意見は一致していた。

「ヤマトは、何の特色もない運送会社だ」というのが、いつもの口癖だった。

同業他社と比べても、ヤマトの業績が上がらない理由はいくつもあった。たとえば、長距離路線に出遅れ、関東地方域内の商業貨物の近距離運送に甘んじていたこと。また、賃金面でも高コスト体質だった。ヤマトは本社が東京にあるため、地方に本社を置く会社よりも賃金ベースが高かった。古くからの慣習や惰性に流されて革新の意欲に欠けていた。

会社もこうした問題をあえて積極的に改善しようとしていなかったし、労使関係もよいとはいえず、常にストライキを構えるといった対立があった。

「いちばん責任があるのは経営者だよな」と小倉さんはいつも話していた。

そんなとき、当時ベストセラーとなった『危ない会社』（光文社刊、1963年）に、「あまり成績のよくない会社」として、陸運部門で唯一、ヤマトが紹介された。同書は、東京商科大学（現一橋大学）を卒業してピッツバーグ大学院に留学した経歴を持つ経営学者、神戸大学の占部《うらべ》都美《くによし》教授による著作である。

ヤマトが「危ない会社」に選ばれたことは正直言ってショックだったが、現状を見るにつけ、そう指摘されても仕方がないなと思った。

関西の業者に大きく差をつけられる

1950年代後半（昭和30年代）に入ると、西濃運輸などの大手業者は、国道1号線の免許を取得してトラックで箱根の山を越えて走行していた。当時、東京―大阪間の貨物輸送は、「ゴールデン・ルート」と呼ばれていた。東西を行き来する貨物が増えるなか、その名のとおり、稼げる路線だった。西濃運輸などは、「長距離輸送は将来、鉄道からトラックに代わる」ということを見越していた。

しかし、ヤマトは、初代社長の持論で、性能の悪いトラックが箱根の山を越えて1号線を走るのは無理だと考えていた。そのため、東京―大阪間は、日本国有鉄道（国鉄、現ＪＲ）の貨物列車を利用することにした。大阪側に地盤がなかったので、梅田駅に免許を持つ大阪合同通運（現合通）と提携した。

たしかに、道路もトラックの性能も悪く、東京から大阪まで24時間かかった。荷物を積んで夕方に出発すると、到着するのは翌日の夕方だった。通称、国鉄の「ワキ列車」と呼ばれていた高速の列車を利用したほうがはるかに速かった。

たとえば、工場などから出荷される貨物の多くは、たいてい夕方の時間帯に集荷される。国鉄のダイヤを利用すれば翌朝には大阪に着くので、貨物はその日のうちに受取先に配達することができた。トラック輸送では大阪に着くのが翌日の夕方となるので、受取先への配達は、さらにその翌日となってしまう。

しかし、その後、高速道路が開通し、車両も大型化して性能がよくなると、トラック輸送のほうがスピードアップした。それに対して国鉄では労使紛争が一向におさまらず、ストを頻発した。顧客を顧みない10日間のぶち抜きストまでやったりした。

こうして顧客は、いつストで止まるかわからない「国鉄による輸送」よりも、安定している「トラックによる輸送」を選ぶようになっていった。

そうした意味では、西濃運輸などの関西勢のほうが先見の明があった。時代が変われば、運送方法も変えなければならない。東京―大阪間を国鉄貨物輸送に執着していたヤマトは、後に関西の業者に大きく差をつけられ、じり貧への道に迷い込むことになる。

国鉄の度重なる無謀なストにより、汐留駅のホームでは、荷物が天井までぎっしりと積まれたこともあった。これでは、せっかく出荷してくれた顧客に申し訳ない。当時、汐留営業所に勤務していた私は、思わず涙を流したこともあった。

荷物が集まり混み合う汐留駅のホーム。1950年代後半。

なぜヤマトだけが低迷しているのか

遅ればせながら東京―大阪間の路線免許を申請したヤマトは、1959年（昭和34年）、免許を取得した。64年、営業課長だった私は、東京側の運行基地として新設された綱島支店に支店長として着任するが、その3年後、路線部次長として再び本社に戻った。

いざなぎ景気によって日本経済は上向いており、他の運送会社は業績を伸ばしていた。

しかし、あいかわらず、ヤマトの業績は悪化の一途をたどっていた。「好況にもかかわらず、なぜヤマトだけが低迷しているのか」。当時、専務になっていた小倉さんとよく議論をしていた。

会社というものは、悪化しだすと雪だるまのように転げ落ちる。いままで利益を出していた通運部は、度重なる国鉄のストで激しい客離れが起こり、衰退していった。稼いでいた百貨店の配送部門も、業績が落ち込んでいった。加えて69年、小倉康臣初代社長が病で倒れた。

小倉専務は、まさに手詰まりの状態だった。ヤマトは、お先真っ暗の、どん底に落ちていった。

ある日、秘書を通じて呼び出しがあり、業績のことだろうかと思いながら専務室に行くと、小倉専務は幾分うつむきながら、暗い顔をしてこう言った。

「輸送量が増えて、久しぶりに業界全体が業績をあげているのに、うちだけは一向に上向かない。

特に路線トラックの業績があまりにも悪すぎる。辞令は出さないが、しばらく俺が路線部長を兼務するから」

その顔は、苦悩に満ち、もうそれより他に方法がないという切羽詰まったものだった。「いまのうちに手を打たないと会社が傾いてしまう。だから、主要部門である路線部を立て直すために、自分が路線部長を兼務する」という決断だった。

だが、専務が路線部長を兼務したら、社外からも、ヤマトは不振に陥っていると見られかねない。金融機関や荷主にも、一時的にせよ、悪い影響を与える。しかし、小倉専務はそうしたことは百も承知で、いかに業績が悪いかを社内に示したかったのだろう。

いまにして思えば、ヤマトにとって70年からの5年間が、どん底だった。

当時の運送業界では西濃運輸などが実績をあげていた。ヤマトは、歴史のある名門だが三流会社だと言われていた。そのうち、四流、五流になって、潰れるだろうとさえ噂されていた。

「路線部長は君が引き継げ、俺は社長になる」

1971年（昭和46年）の春、小倉専務から、すぐ専務室に来るように連絡があった。

「何のご用ですか」

ソファに腰掛けると、いきなり小倉専務が切り出した。

「俺が兼務している路線部長を君にやってもらう。今度は次長でなく部長だから、責任は重いよ」

「専務が路線部長を兼務してから、まだ3カ月しか経っていないじゃないですか」

私がそう言い返すと、小倉専務は一気にまくしたてた。

「君が知ってるとおり、親父が病気だから、俺は社長になる。社長をやるんだから、路線部長は兼務できないだろう」

「でも、私も次長になって、まだ3年です。もっとふさわしい人が他にいるじゃないですか」

「いや、君しかいない」

あまりにも急な話だった。

「わかりました。何か引き継ぎはありますか」

「君はだいたいわかっているから、好きなように思い切ってやってくれ」

まだ役員でもない私が小倉さんの後を継いで路線部長を務めるのは厳しいと思ったが、命令であれば担わざるをえないと覚悟を決めた。落ち込んでいるヤマトを再生させるためには、小倉さんの支えになって頑張るしかない。

このころ、小倉さんは、小口配送（後の宅急便）の構想を模索しはじめていた。1個あたりに換算すれば低運賃の大口貨物輸送から、1個口とはいえ運賃が高い小口荷物配達に事業を転換する。ヤマトにとっては、抜本的な経営戦略の立て直しである。

そのカギは「密度化」にあった。一見すると、小口配送は決して効率的ではない。大量の貨物を一気に運ぶ大口輸送のほうが効率的で、利益を出すことができる。だが、たとえ小口でも、たくさんの荷物を集めることができれば、各家庭に配達する際、多くの荷物をまとめて運ぶことで1個あたりの配達コストを下げることができる。まさに、発想の転換だった。

この年、小倉専務は、初代社長に代わりヤマトの2代目社長に就任した。

小倉社長は役員会で宅配事業を提案したが、社長の意向でありながら一向に受け入れられなかった。小倉社長からは、役員会の様子をよく聞かされた。

「いまの役員は、親父が社長のときになった者ばかりで、改革しようとしない。皆、俺よりも年上だからな」

さすがの小倉社長もこぼしていた。

「持ってこい」「送ってやる」「いつ着くかわからない」のサービス

当時、人々が荷物を送ろうとしたときには、郵便局に持ち込むしかなかったが、郵便局では、重さが6キログラムまでの荷物しか扱ってもらえなかった。

しかし、ダンボール箱に物を入れると、6キログラムを超過してしまうこともある。その場合は、6キログラム以上の荷物でも取り扱ってくれていた国鉄の駅に持参する。当時は「小荷物」といっていた。

ところが、小荷物の場合、荷物が受取人の最寄り駅に到着しても、そこから配達してくれなかった。駅の近くなら配達してくれたが、駅から遠いところでは、「あなたの荷物が駅に着いているので引き取りに来てください」という通知が送られてきた。これを「駅留め」といっていた。不便な場所に住んでいる人のほうが悪いといわんばかりの対応だった。

郵便局も国鉄も、集荷をせず、荷物を「持ってこい」「送ってやる」というサービスだった。また、郵便局では、荷物に2枚の荷札を付けて出すのが規則だった。そのため、文具店に行って2枚の荷札を購入し、それぞれの荷札に受取人と差出人の住所と名前を書いて、荷物に付けなければならなかった。

当時、私は郵便局の窓口で、「荷物を受け付けたという控えをください」と頼んだことがある。「なぜ必要なんですか」と理由を聞かれたので、「もし荷物が着かなかったとき、控えがなければ照会できないでしょう」と答えると、こう言われた。

「国を信用してください。どうしてもと言うなら、書留小包で出してください。その場合は、控えを出しますよ」

書留小包の書留料は、もちろん別料金で支払わなければならない。荷物を送る人の気持ちがわからないんだなあと思った。

さらに、「この小包はいつ着きますか」と郵便局の窓口で尋ねても、返ってくるのは、「いつ着くかわからない」という答えだった。

当時の郵便局では、小包や手紙を「郵袋《ゆうたい》」（郵便物を入れる布袋）に入れて、汐留や秋葉原の貨物駅まで運び、国鉄の貨物列車で受取人の最寄り駅まで輸送していた。郵便局の窓口で、いつ着くのかと聞かれても、答えられるはずがなかった。

このように、小包の「翌日配達」が不可能であることは、宅急便事業を始める前に調べてあった。そうした実態を分析していたので、翌日配達が確立できれば必ず勝てるはずだと確信していた。

悪化する労使関係

小倉社長も私も、ヤマトの立て直しに懸命だった。路線トラックだけでなく全部門が落ち込んでいたからである。その一方で世の中の景気がよくなり、年率10％を超える経済成長が続くと、労働組合は強気になり、さまざまな要求を出すようになった。

1973年（昭和48年）の春闘ではヤマトの労組も強気で、他業種並みの大幅賃上げや、劣悪な労働条件の改善、合理化反対など、トラック輸送業界の労組連合最大の組合として交渉をリードすることを決定した。賃上げ要求に加えて、「週40時間労働」「週休2日制」といった要求が、ヤマトでも初めて出された。

この年の春闘では、全日本運輸産業労働組合連合会（運輸労連）の統一1時間ストが決行された。その後、進展がないということで24時間スト決行を構えたが、話し合いにより、賃上げは1人平均1万4200円で妥結し、ストは中止された。夏季一時金は1人平均14万円、年末の妥結金額も18万3000円という多額なものだった。

会社の台所は火の車だったが、収入が落ち込むなかでの人件費の大幅アップは、さらに会社を苦しめた。こうした状況が続けば、ヤマトはますますおかしくなる。小倉社長は一切の責任をひとりで背負い込み、その心労は、傍で見ていて気の毒なほどだった。

そんなある日、社長室に呼び出されて、小倉社長から言われた。

「君はまだ路線部長になったばかりだが、来年の総会で提案して、少し早いが取締役にする。俺と一緒に頑張ってくれ。役員会では、いくら社長でも、俺ひとりだけでは駄目だから」

「ちょっと性急すぎませんか」

「君しかいないのだから、仕方ないだろう」

こうして役員会に出ることになったが、出席者は全員が先輩である。社長が48歳、私は44歳の若輩だった。

役員会では小倉社長が、当時、事業化できないと言われていた宅配の話をすると、皆、押し黙って何も発言しなかった。小倉社長がいくら意見を言っても通らず、むしろ、業績の悪いヤマトを倒産に向かわせるかのような保守的な意見が大勢を占めていた。

小倉社長が、自分ひとりではどうにもならないと言っていた意味がよくわかった。

役員会の最中、社長がトイレに行くと言って中座すると、他の役員から「宅配なんか無理だから、君から、社長にやめるようによく言っておけよ」などと言われた。

「社長がやると言っているんだから、いいじゃないですか」と私は答えた。

役員のなかには、「会社を潰すことになるから反対してくれ」と労組の幹部に頼む者もいた。

私は、小倉社長の防波堤にならなければと必死だった。

社内の厚い壁——労組委員長と水面下での交渉

組合の執行委員会も、会社側がいずれ宅配事業への方針転換を提案してくるだろうと予測していた。すでに役員会で審議されていたので、話が漏れていたのだろう。

社長も私も、執行委員会に提案すれば全員が反対することはわかっていた。そのため、どうしたら労組を説得することができるか、議論を重ねた。いろいろと検討したが、やはり、会社の窮状を話して真正面から理解を求めるしかないと考えた。

「まずは、君が粟飯原《あいはら》委員長に、非公式に会社の意思を伝えたらどうだろうか」

小倉社長は、こう私に提案した。私は綱島支店長だった時代、粟飯原誠委員長（当時は分会長）と同じ屋根の下で仕事をしており、お互いに気心もしれている。

「わかりました。やってみましょう」

私は、さっそく粟飯原委員長と連絡をとり、業務が終わってから飲み屋へ連れ出した。

「近いうちに家庭から家庭への宅配を始めたいと考えている。労組の執行委員長宛てに正式文書で申し入れをするので、あらかじめ承知しておいてくれないか」

私は、単刀直入に話を切り出した。

「ちょっと待ってください。いくら都築さんと親しくても、宅配への方針転換は全員が反対ですから、簡単にはいきませんよ」

粟飯原委員長の答えは、厳しいものだった。

しかし、労組の執行委員長がその気にならなければ、事は進まない。社長と私がいくら息張っても、組合の協力がなければ、宅配もアイデア倒れとなってしまう。あの手この手で説得を試みたが、委員長に納得してもらうのは困難だった。

しかし、この厚い壁を突き破らないと、会社は変われない。「いま、わが社は危険な経営状況にあり、このままでは最悪の事態を迎えてしまう」「トラック業界でヤマトは三流会社だといわれている。いま手を打たなければ手遅れになる」などと真剣に話した。

労働組合が反対する理由

なぜ組合は宅配への方針転換を反対していたのか。その理由は、次のようなものだった。

ひとつは、社内の「主役交代」を懸念したことである。

宅急便を始めれば、当然、集配ドライバーが主流になる。しかし、路線トラック会社の花形は、自他共に認める長距離大型トラックのドライバーであり、その多くはベテランや中堅社員だった。彼らの職場での勢力も影響力も大きかった。

彼らにとって、大型トラックのドライバーから集配ドライバーに転じるのは不名誉なことだった。大型トラックのドライバーは、集配ドライバーよりワンランク上と見られており、給料も高かった。それまでも、ドライバーの配置換えには慎重な配慮が必要だった。

また、長距離トラックは2〜3日単位でひとつの運行をするため、住居を郊外に構える者が多かった。しかし、集配の担当になれば、毎日、しかも昼間の勤務となる。こうしたことへの抵抗も強かった。

ましてや、冷蔵庫やテレビなどの電化製品を大量に輸送するなら、パレットやフォークリフトを使って一気に貨物を積んだり降ろしたりすることができる。たくさんの小口荷物を扱うより楽なうえ、まとまった重い貨物を扱ったほうが、手当が付き、給料もよかった。

構内での作業も同様である。大口荷物のほうが整理整頓しやすい。作業員も当然のように反対した。

船は重くて沈没するのではないか

1973年(昭和48年)10月、組合との話し合いが行き詰まるヤマトをオイルショックが襲った。個人消費が急激に落ち込み、一転して大不況の嵐が吹き荒れた。多くの企業で賃金カットや人員削減が行われ、貨物輸送量も激減した。

そうしたなか、ヤマトの業績は一段と低迷した。この年のヤマトは、輸送量が前年比25%減となる最低の年だった。やむなく新規採用を中止したり、臨時社員に辞めてもらったりするなどといった不況対策をとらざるをえなかった。

当時のヤマト労組は運輸労連に属しており、必ずしも先鋭の組合ではなかったが、労組側がストを構え、賃上げや条件を持ち出しては団体交渉を繰り返す世相だった。そうしたなかヤマトでは、74年、24時間ストに突入した。

賃上げの結果、会社経営はますます悪化する。荷物の取扱量も減り、北関東地方の職場では、社員が出勤しても仕事がなく、キャッチボールや構内の草むしりをするところも出るありさまだった。

当時、ヤマトの社員は約5700人で、そのうちの大多数が路線部の所属だったが、これが最大の問題だった。収入が減っていくなか、船は重くて沈没するのではないかと毎日、心配していた。

しかし、社員を解雇するわけにはいかない。そのため、収入の少ない北関東三県を主とする運転士と作業員たちに、比較的取扱量が多い東京まで、期間を決めて交代で働きに来てもらう、つまり、俗っぽい言い方をすれば「出稼ぎ」を頼もうと考えた。

事前に小倉社長と相談して、労組の副委員長で路線部会長の伊野武幸さんに来てもらい、会社の状況を説明して賛同してもらおうとした。

「東京などの都市部では、アルバイトなどの社外戦力を使っているが、地方では仕事がない。社外戦力を断って自社戦力でまかなうため、地方から都市部に応援に来てほしい」

しかし、労組としては当然だが、受け入れられる話ではない。従業員にとっては、長期にわたって家庭から離れることになる。

協議は難航したが、結局、「転勤」というかたちではなく、3カ月交代で「応援」に来てもらうことに決まった。どのくらいの期間で交代するかについては、最後まで二転三転した。また、希望退職や解雇などによる人員削減や、賃下げなどの労働条件の改悪は行わないことも約束した。

当時のことを、伊野副委員長は後にこう記している。

74年春闘の24時間ストは、1人平均約2万8000円の賃上げで妥結して泥沼化は避けられたが、これをきっかけに、社内応援体制や宅急便の事業化といった会社の再生シナリオが急速に進むことになった。当時、私は、副委員長兼路線部会長で、応援する側、応援される側双方の責任者だった。

当然のことながら、どこの集会でも、反対が多くて夜遅くまで紛糾した。

「組合はいつから、会社の代弁者になったのか」「仕事を探してきて働かせるのが、会社の責任だ」「これは応援ではなく、出稼ぎではないか」「田畑の作業があるから、家を離れられない」「二重生活は大変だし、子どもの教育ができない」といった意見が噴出した。

宇都宮では、職場の長老である高野三男氏が、「反対ばかりしていても解決にならない。

協力できるところは協力しよう」と発言すると、「それなら、あんたが先に東京へ行けばいい」と若手からヤジが飛ぶ。すかさず「わかった。俺がいちばん先に行くから、後は順番を決めて協力してくれ」と言ってまとめてくれた。

水戸では宮原紀之氏が、仙台では鈴木武氏が、「会社を潰してしまってはどうにもならない。つらいだろうけど協力しよう」と呼びかけ、消極的な仲間を説得してくれた。

「出稼ぎ」は、75年1月から実施され、宅急便が開始されるまでの約1年続いた。また、東京だけでなく、九州から大阪への応援、東海地方から名古屋への応援など、全国で行われた。会社の業績が悪くなると、会社側も、現場で働く側も、双方がいやな思いをしなくてはならないことを経験し、骨身にこたえた。

粟飯原委員長の「決断のとき」

1974年（昭和49年）、私の路線部長としての責務は重くなるばかりだった。社長からは、常務取締役として、さらに重い責任を果たすよう命じられた。「会社を変えなくてはいけない。それも急がなくてはならない」と、小倉社長はもちろんのこと、私も痛切に感じていた。

しかし、実際に作業をするドライバーも小口の仕事には慣れていない。新しい仕事となれば当然、負担もかかる。組合も反対している。その後も、何度か粟飯原委員長と話をしたが、「結局、宅配はできないのか」と半ばあきらめかけたこともあった。

粟飯原委員長が後に記した「決断の時」（『コミック版プロジェクトX　挑戦者たち　腕と度胸のトラック便』ＮＨＫプロジェクトX制作班著、宙出版刊、２００２年）によれば、委員長も、私との話し合いを重ねるうちに葛藤が生まれてきたという。

会社側は「是非とも実行」、組合側は「断固反対」の姿勢を崩さず、交渉は平行線のまま睨み合いが続きました。

私と常務の都築さんは、そんな表舞台と並行して水面下で妥協点を求めて話し合いました。回数を重ねるうちに、頑固だった私の考えも徐々に変化し始めました。

「組合の反対が続けばこの案はつぶれるが、今の会社の苦境は変わらない。しかし賛成して、もし失敗したらどうなるのか……」社員の運命がかかわる事態に、心の葛藤が続きました。

一方、宅配に社運を賭けていた小倉社長の信念は、揺るぎないものでした。交渉が大詰めに入った時のことです。組合員の生活が保障されないと訴えていた私は、思わず「公用車で通勤している社長や重役クラスには、我々の立場が理解できるはずがない！」と糾弾しまし

中央闘争委員会で結束を呼びかける粟飯原誠委員長。1980年ごろ。

た。すると、小倉社長は間髪入れず「分かった。君たちに理解してもらえるなら、明日から公用車は廃止する」と応え、翌日から誰よりも早く、電車を乗り継いで通勤し始めたのです。小倉社長の行動力と熱意に、これ以上の決断の遅れは許されないと考えた私は、これまでの交渉経過と、伊野副委員長（当時）ら若手との議論を重ね、最終的な判断を下しました。

「会社側の提案する宅配について組合として全面的に協力する」

事業が失敗したら辞任する覚悟でした。長かった交渉に終止符を打った時、黒々としていた頭髪がすっかり真っ白になるほど、悩み抜いた末の決断でした。

また、伊野副委員長によれば、組合内部でもかなりの温度差があったようだ。

通運部会、百貨店部会などの他部門は、路線部会の成り行きしだいだと、だんまりを決め込んでいた。

また、路線部会のなかでも、東京と大阪ではかなりの温度差が生じていた。

大阪地区は後発で進出したため、同業他社との力量の差が歴然としていた。このため、「このまま、座して死を待つより、新しい仕事に打って出て一丸となろう」というのが、常任執行委員である松岡孝昌氏の考えだった。

一方、東京では、会社側からの熱心な説明が繰り返されたことで、積極的な反対者こそいなくなったものの、路線部会のメンバーは、職場の反対者の説得に悩み、賛成にまわることを逡巡しているように見えた。

そこで私は、「職場で宅急便に反対する人は、いままでどおりの仕事を続けてもらう。宅急便は、希望者と新規採用者でスタートさせる。これなら、反対する理由はなくなるだろう」と提案して路線部会をまとめた。

真っ先に宅急便に賛意を表してくれるようになったのは、都市部に「応援」に来てくれていた地方の社員たちだった。彼らにとって、家族と離れた東京への単身赴任や独身寮での生活はつらいものだったようだ。

「(出稼ぎをして)地元に仕事があることのありがたさが、身にしみてわかった。俺たちは、どんな苦しい仕事でもやり遂げるから、労組本部として賛成してくれ、宅急便で地元に新しい仕事をつくっていこう」

彼らは、こう言って組合の賛同を促してくれた。

中央総括討論集会で挨拶する伊野武幸副委員長。
1978年8月。

社内の壁の次は、社外の厚い壁

是か否か、執行委員会内部でもめた後、粟飯原委員長が受諾の報告に来てくれた。

「なんとか、まとめました。会社側の申し入れに対して、労組役員全員が必ずしも賛成というわけではありませんが、一応了解しました。成功するようにやってください」

「ごくろうさんだったね」

私は委員長に握手を求めた。これで社内の厚い壁は破ることができたと思い、うれしかった。

このとき、粟飯原委員長から念を押された。

「ところで、この宅急便というのは、本当にうまくいくんでしょうね。うまくいかないと、一任を取り付けた私の責任になりますから」

「心配しなくても大丈夫だよ。自信があるから」と言っておけばよかったのに、私は、思わず「これからやることだからね」と言ってしまった。彼は、たいへん気分を悪くしていた。

そのとき、私の頭のなかでは、次の問題——全国展開に向けて運輸省（現国土交通省）が免許を認めてくれるだろうかという心配がよぎっていたのだ。

「ヤマトは、仙台・大阪までは免許があるけど、全国47都道府県のなかでは主として関東1都

6県だけでしょう。これから運輸省に申請するけど、全国免許がとれるまでに何年かかるかわからない。もしかすると、とれないかもしれない。運輸省の方針もあるだろうし、同業者の反対もあるだろう。日本通運でさえ、自前では全国の免許を持っていないのだから。まだまだ、これから、運輸省の厚い壁を破らないと駄目なんだよ。社内の壁を破ったら、今度は運輸省の厚い壁だね」

まだ、オイルショックの傷跡が深く、世界的な不況が続き、日本の物価上昇率は高いレベルにあった。

宅急便開発要綱――大口貨物から小口荷物への大転換

組合からの了解を取り付けた後、1975年（昭和50年）4月に組織変更を行った。

将来の小口宅配への移行を視野に入れ、長らく続いてきた部門別の縦割り組織をやめて、関東・関西・中部・東北・九州の地域別支社体制へと変更した（航空海運部はこれまでどおり）。

あわせて、路線部や百貨店部、通運部、区域部などを廃止し、会社全体の収入の7割を占めることになる新設の関東支社に統合した。まずは、免許を持つ関東地方から宅配を始めようと考えていた。

社長の指示により、関東支社長を私が担当することになった。

関東支社長の席は本社にあったので、宅急便の打ち合わせには好都合だったが、現場も持っていたため、苦情があると顧客のところに謝りに行ったりしなければならないこともあった。まさに、これまでの古い仕事と、これから取り組もうとする新しい仕事の両方を抱えてバタバタしていた。

だが、古株の大型トラック運転士たちは依然、大口から小口への移行に反対だった。このまま集配ドライバーになってしまうのか、といった不安もあったのだろう。個人タクシーなどに転職して辞めていく者も多かった。

75年8月、小倉社長は急遽、それまでいろいろと議論してきたことを自らまとめた「宅急便開発要綱」を役員会に提案した。

役員会ではさまざまな異論も出たが、宅急便開発要綱は承認された。それまで、宅配事業をやめるよう社長に進言しろと私に言っていた役員たちもあきらめたのか、鳴りをひそめた。

役員会に提案された宅急便開発要綱の基本的な考え方は、次のとおりだった。

1　需要者の立場に立ってものを考える
2　永続的、発展的なシステムとしてとらえる

3　他より優れ、かつ均一的なサービスを保つ
4　不特定多数の荷主または貨物を対象とする
5　徹底した合理化をはかる

このうち、「不特定多数の荷主または貨物を対象とする」という考えは、当時の業界の常識とはかけ離れた発想だった。業界では、不特定多数の荷物は、郵便局か国鉄の小荷物として取り扱うものと決めてかかっていたからである。

ワーキング・グループの編成

ついに、小倉社長は、大口貨物から宅配への大転換を決意した。業績はどん底に落ち込み、会社の将来見通しさえもつかない状態のなかでの決断だった。

同業者と同じ考え方、同じ経営手法で単に努力するだけでは駄目で、何か特色を持たなければならない。小倉社長は経営者として、それまでの常識や思い込みを捨てて発想を大転換し、事業化は不可能だと言われていた未知の分野である「宅配事業」に社運を賭けて挑戦することを決意したのだ。

至急、ワーキング・グループをつくるようにという社長から指示があった。業績が落ち込んでいたヤマトを再生させる、大きな夢のスタートだった。

さっそく、社長と営業担当常務である私をトップとするワーキング・グループを編成した。関東支社宅急便センター長の堀江基好くん（後に取締役）、仙台支店長の関田隆くん（同）、関東支社係長の渡邊恒二くん（後に九州ヤマト常務）、瀬戸薫くん（現ヤマトホールディングス会長）などの若手社員を中心に10名くらいで編成した。また、労組からは伊野副委員長にも参加してもらった。

2カ月間で、骨子となるマニュアルと「宅急便の御案内」をつくり上げた。ワーキング・グループでは、次のような項目が議論されたと記憶している。

・皆に親しんでもらうサービスにするには、どんな名称がいいか（ネーミング）
・大口荷主は放棄して、すべて1個口単位の個人の荷物に絞る（対象貨物）
・免許がある関東地域から始める（サービス区域）
・郵便局のサービスと差異化するために、すべて翌日配達にできないか（サービスレベル）
・個人の荷物をたくさん集めるために、安くて、わかりやすい運賃表ができないか（運賃）
・深川中継所を建て替えるか、新しい土地を求めて新築するか（中継所）

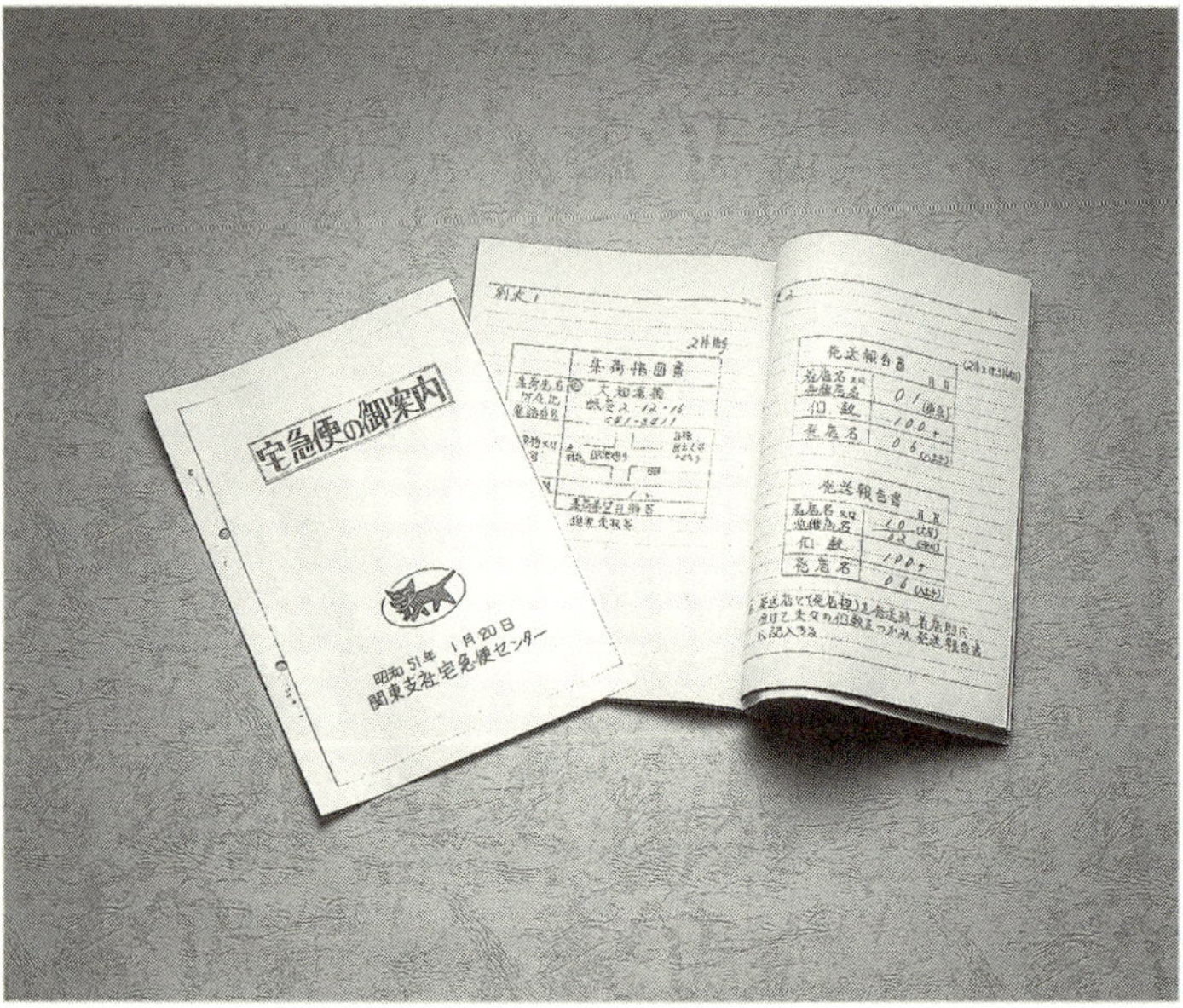

ワーキング・グループがまとめた「宅急便の御案内」。1975年10月。

・米店や酒店などの商店に取扱店になってもらったらどうか（取扱店）
・サービスを早く普及させるために、どのような宣伝をしたらよいか（宣伝）

「ＹＰＳの宅急便」でスタート

なぜ「宅急便」という名称になったのか。いまでこそ、宅急便という名称に何の違和感も持たない。だが、当時は社内外で、「妙な名前だ」「どういう字を書くのか」「ピンポンの卓球と書くのか」と言われた。

「ピンポンも、球がいったりきたりしますが、こういう字を書くんですよ」と、よく説明させられた。

実は、ネーミングについては、小倉社長が「宅急便開発要綱」を役員会に出す前からふたりで話し合っていた。だが、小倉社長と私の意見が合わず、なかなか名称が決まらなかった。将来にわたる大事なことなので、互いにいくつかの候補を出し合って時間をかけて議論をした。

「Yamato Parcel Serviceの略で、ＹＰＳというのはどうだろうか」

「横文字は駄目ですよ」

小倉社長の意見に私が反論すると、小倉社長は持論をぶつけてきた。

「アメリカに行けば、UPS（United Parcel Service）のクルマがいちばん目立っているだろう。名前なんか、すぐ慣れるさ」

「いやいや、お年寄りにも使ってもらうのだから、日本語のほうがもっと早く慣れますよ」

「じゃあ、どんな名前がいいのか」

「昔から『宅配』とか『急便』とか言われてますが、2つをくっつけて『宅急便』というのはどうですかね。逆にして『急宅便』でもいいですよ」

こんな具合だったからなかなか決まらず、部下たちからは、早く名前を決めてくださいと急かされた。集配車に名称を書き込んで、早く宣伝したいということだった。

そのため、とりあえずは、上段に宅急便、下段にYPSと、両方を2段で併記することにしたが、この奇妙な2段表示についてはその後もよく質問された。

このほかにも、「ハニーライン」「トゥモローサービス」「クイックサービス」などといった社内募集による案もあった。

当初、「宅急便とは変な名前だな」と言って、しばらくYPSにこだわっていた小倉社長も、だんだんと慣れていくうちに、これでいいと了解してくれた。

最近では、多くの社名や商品名に横文字が使われている。小倉社長が言っていたYPSでもよかったのかもしれない。そうすればいまごろは、宅急便ではなくYPS便になっていただろう。

宅急便を開始したときに使用した集配車。

すべて1個単位の荷物に絞る

宅急便で扱う荷物の重量や大きさは、次のとおりに決めた。

当時、郵便小包の重量制限は6キログラムだった。このため、宅急便では、より重い荷物も扱えるようにと10キログラムまでにした。大きさは、縦・横・高さを足して100センチメートルまでとした。それ以上重かったり大きかったりすると扱いが難しくなる。

「運送会社が取り扱う荷物を制限する」という考え方は、それまでなかったことだった。しかし、家庭の主婦が扱えるサイズの上限を考えると、このくらいが適当だろうと思い、そう決めた。将来は、女性ドライバーも採用したいと考えていた。

また、これまでの路線便では、2個口でも3個口でも1枚の伝票で処理していたが、宅急便では、1個ごとに1枚の伝票を貼ることにした。さらには、郵便小包のように2枚の荷札を付ける必要はなく、ダンボールや紙包みで簡単に送れるようにした。

免許がある関東からスタート

幸運なことに、ヤマトの主たる免許区域である関東一円では、宅急便をすぐに開始することができた。小倉初代社長が関東地方の免許を取得して構築した「大和便」の路線網が、すでにあったからである。これが、宅急便のもととなった。

関東地方域内には、営業所や百貨店の配送網があり、1都6県をカバーすることができた。都内の配達は、深川、東京、板橋、杉並の4営業所を、「宅急便専門配達店」に指定して始めることにした。また、荷物を集めるのは、全営業所で行うことにした。

翌日配達で郵便局のサービスと差異化

「電話1本で集荷、翌日配達」をセールス・ポイントとすることに決めた。郵便局や国鉄のサービスに対抗するためである。

翌日配達というのは、口で言うほど簡単ではない。だが、そう銘打った以上、当然、注目されるだろう。こちらのミスで荷物が翌日に着かなければ、「誇大宣伝だ」といった苦情が来るだろうし、それでは信用を落とすことになる。

その対策として、伝票の発送日と配達日を照合して、営業所ごとの毎日の不良率（翌日配達されなかった割合）を確認し、それを大きな模造紙に書き込んで貼り出そうと考えた。そうすれば全員が関心を持ち、不良率ゼロ％を目指して頑張ろうという気持ちになってくれると思ったからである。

約束どおり翌日までに配達されなかった場合は、運賃を全額返金することも考えたが、法的な問題もあってやめることにした。

地域ごとの均一運賃

宅急便の運賃は、個人の財布から支払われる。料金に対するお客さまの希望は２つあると考えていた。安いこと、そして、わかりやすいことである。

運賃を決める際には、道路運送法により運輸省が認可した「路線トラック運賃表」を守らなければならない。１９７１年（昭和46年）１月19日に運輸省が出した認可運賃は、10キログラム以内の荷物を10キロメートル以内に運ぶ際の最高運賃が１４０円だった。それ以上の金額を収受すると違反となる。

いずれ運賃改定があると予想されていたので、ヤマト単独で宅急便専用の運賃表をつくり、認可申請することにした。

74年7月に認可運賃が改定されると、20キログラム以内の荷物を20キロメートル以内に運ぶ際の最高運賃が500円になった。オイルショック後の狂乱物価の影響もあったのだろう。20～30％程度、物価が上がるのは当然の時代だったので認可運賃も大幅に上がった。

もしも、この運賃改定がなかったら、宅急便を開始できなかっただろう。それまでの140円という認可運賃では採算がとれなかった。宅急便を76年1月に始めたのには、そうした理由もあった。

そのうえで、お客さまにとって簡便でわかりやすい運賃表をつくることが、なによりも重要だった。運輸省による路線トラック運賃表（運賃早見表）は60ページほどの冊子で、細かすぎたため、これをもとにして運賃を算出するには時間がかかった。

そこで、最もシンプルな「全国一律運賃」にできないかと考えた。しかし、東京から横浜に送っても熊本に送っても同じ運賃では、公平性を欠くし、乱暴すぎると思い、やめた。

すぐにその場で運賃を算出できるようにするためにはどうしたらよいか。

そう考えた結果、A3サイズの紙1枚の裏表におさまる運賃表をつくれば、わかりやすいし、計算もしやすいということになった。全国を大きく9つの地域に分けた「地帯別均一運賃表」をつくることにした。

これは、非常に単純化されたものである。47都道府県のすべてに郡部や島があり、そこから集荷したり、配達したりするにはコストがかかるが、そうしたエリアも同じ区域内であれば同一運賃とした。

区域を細かく正確に分けるよりも、A3サイズのたった1枚の紙の表裏におさまる運賃表をつくり、全国どこの地域でも即座にわかるようにしたほうが、はるかにメリットが大きい。北海道、東北、関東、中部、北陸、関西、四国、九州北部、九州南部の9つの地域に分け、たとえば関東地方内であれば、どこに送っても運賃は同じというかたちにした。

しかし、運輸業界では、運輸大臣が認可した「路線トラック運賃表」を使うのが決まりである。「宅急便専用の運賃表をつくったので、認可してほしい」と運輸省に申請するのは、きわめて非常識なことだった。

前もって運輸省には言ってあったが、正式に宅急便専用の運賃表を申請したときは、「勝手につくった運賃を認可してくれとは、困った会社だね」とさんざん嫌味を言われた。

交渉は難航したが、運輸省は認可してくれた。

宅急便事業開始直前の会議。左端は説明中の私。1976年1月14日。

［第2章］

社運を賭けた挑戦

初日は11個しか集まらなかった

1976年（昭和51年）1月20日、商業貨物から個人の荷物に市場を絞り、ついに宅急便はスタートした。

初日にどのくらいの荷物が集まるか。大いなる期待を持って臨んだが、たったの11個しか集まらなかった。

これには、たいへんがっかりした。しかし、考えてみれば、お世辞にも綺麗とはいえない手製のチラシを、駅頭や郵便局の前などで配った程度の宣伝しかしなかったのだから、仕方ない結果だった。

郵便局の前で、チラシを受け取ったお客さまは、「これなんて読むの」「荷物はいつ着くの」などと質問したあげく、郵便局のなかに消えていってしまった。たぶん、われわれのつくったチラシは、ゴミ箱に捨てられてしまったのだろう。

前例のない新規事業への挑戦は先が見えない。予見できないことが多かった。

個人の荷物に絞るために、商業貨物から撤退することに決めたが、一気にそれをすれば収入がガタ落ちになる。そのため、商業貨物の撤退には約3年をかけることにした。くわしく後で触れ

ガリ版刷りの最初のチラシ。1976年1月。

るが、79年には、松下電器産業（現パナソニック）をはじめ、ほとんどの商業貨物の扱いを辞退した。

この3年間は、宅急便が世間に受け入れられて取扱個数が増えていくかどうかが勝負だった。

3年で移行できなければヤマトは沈没

正直言って心配だった。現場では、毎日見ていた荷物が減る一方だった。

営業所長にとっては、大きなジレンマを抱えていたことだろう。収支責任を負う一方、本社の命令に従えば、工場から出荷される商業貨物を集荷できない。かといって、家庭からはいつ荷物が出てくるかわからない。同業他社は、それまでヤマトが扱っていた商業貨物を集荷して売り上げを伸ばしていた。

全員が危機を共有し、なんとか家庭から出荷される荷物を集め、減った荷物の埋め合わせをしようとした。いっせいに街頭に出て、小荷物を集めるために頑張った。営業所ごとにチラシを作成して配った。ドライバーも、セールスを兼ねて配達をする際にチラシを配った。

また、会社の業績が最悪で宣伝費どころではなかったが、宅急便のことを知ってもらわなければ、取扱個数も収入も増えない。関東地方では1976年（昭和51年）3月からラジオで、77年からはテレビでコマーシャルを開始した。ヤマト初のテレビ・コマーシャルは、クルマからクロネコが飛び降りるアニメーションだった。

宝塚出身の女優、葦原邦子さんに、宅急便を送る主婦の役を演じてもらったコマーシャルもつくった。当時、組合の執行委員だった荒川高光くんが、宅急便のドライバーに扮して葦原さんと共演した。その素人離れした演技に社員は大喜びだった。

さらには、ヤマトを辞めて個人タクシーを始めた元大型トラック運転士のOBたちも協力してくれた。乗客に宅急便のチラシを配ったり、座席シートのカバーに宅急便の広告を載せたりしてくれた。ありがたいことだった。

役員会では、3年間で商業貨物から個人の荷物に予定どおり切り替えられればいいが、もっと時間をかけて切り替えていったほうが安全ではないかという意見もあった。たしかに経営としては安全策をとるべきかもしれない。だが、商業貨物と個人荷物の両方を扱うと、現場がどっちつかずになってしまう。手のかかる不慣れな個人荷物を必死になって集めることもしないだろう。

この問題については相当議論をしたが、小倉社長と頑張り抜いて、原案どおり、個人の荷物だけに絞ることにした。

もし、個人の荷物が予定どおり集まらなかったら、ヤマト丸は沈没していただろう。

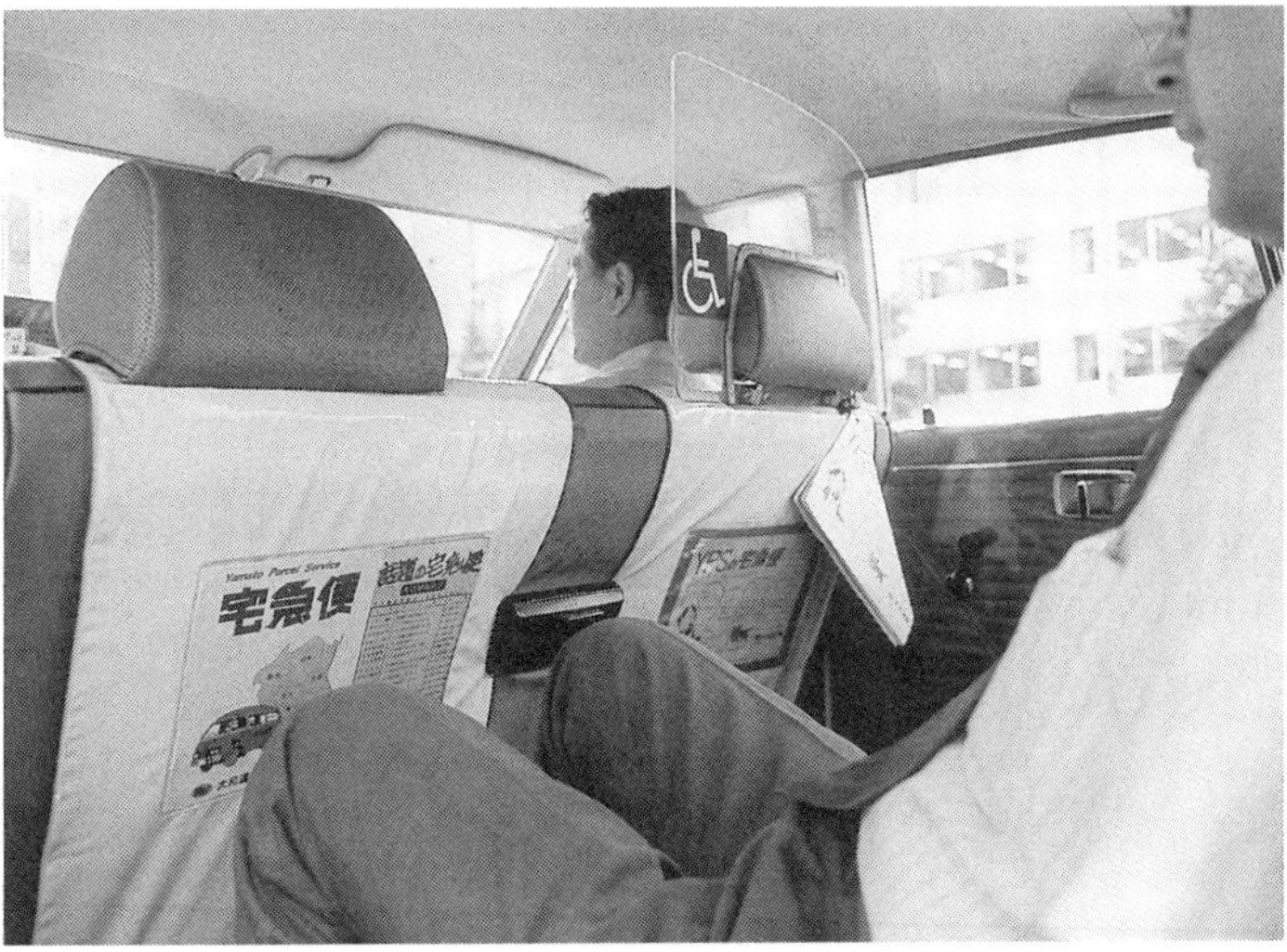

ヤマトOBの個人タクシーでも宅急便の宣伝をしてくれた。1976年3月。

個人の荷物を集める取扱店というアイデア

米店や酒店などの町の商店に協力してもらい、個人荷物を集める取扱店になってもらう。このアイデアは、宅急便を始める1年前にあわただしくつくったワーキング・グループで生まれた。家庭から出てくる個人の荷物を集めるにはどうすればよいか。お客さまが企業なら、あらかじめどこかの運送業者を利用しているので、ヤマトに出荷してもらえるようセールスすればよい。しかし、家庭から親戚や知人宛てに送り出される荷物は、毎日出荷されるわけではなく、セールスのしようがない。

また、それまで小口荷物よりも大口貨物に重点をおいていたため、小口を集めるための営業所が少なく、集荷するための小型車も不足していた。

そこで、人々にとって親しみのある、近所の米店や酒店などに宅急便の取扱店になってもらうことにした。取扱店が近所にあれば、お客さまも自分の都合のいい時間に荷物を持ち込めるし、取扱店が一時的に荷物を預かってくれれば、ヤマトは2~3個をまとめて集荷することができる。お客さまにとってもヤマトにとっても好都合である。

取扱店には、預かってくれた荷物1個につき、手数料としてヤマトが100円を支払うことにした。また、取扱店に荷物を持ち込んでくれたお客さまには、ヤマトが直接、家庭から集荷した場合よりも運賃を100円安くすることにした。こうした仕組みを説明して取扱店になってもらえるようにお願いしてまわったが、ことはそう簡単にはいかなかった。

商店主は、翌日配達と銘打った宅急便に協力して、万一約束どおり翌日に荷物が着かなければ、自分の店の信用も失いかねないと危惧したのである。まだ宅急便は始まったばかりで実績もなかったので、そうした心配はもっともだった。信頼してもらうには実績で証明するより仕方なかった。

いまでこそ、取扱店は全国に25万店ほどあるが、初年度に取扱店となった「第1期店」のひとつが、東京都目黒区で燃料販売業を営んでいた目黒屋さんだった。目黒屋さんは、宅急便の開始から約2カ月後の1976年（昭和51年）4月に宅急便の取扱店となった。

店主の神村富雄さんによれば、ワーキング・グループのメンバーだった堀江くんと、水谷秀雄くんが連日のように顔を見せて、宅急便の仕組みを懇切丁寧に説明してくれたので、その熱心さにほだされて取扱店になることを決めてくださったそうである。

しかし、取扱店はなかなか増えず、この年の10月時点の総数は、わずか24店だった。その後、都内だけでも100店を確保しようとしたが、うまくいかなかった。景気がよく、お店も儲かっていたので、そんな面倒なことを引き受けなくてもよいという時代でもあった。

取扱店数は、宅急便の便利さが少しずつ理解されるにつれて、わずかずつ増加していった。

テレビ・コマーシャルで全国に浸透

テレビ・コマーシャルに本格的に力を入れはじめたのは1978年（昭和53年）からだが、高い宣伝費をかけたからといって急に荷物が増えるわけではない。最初は金をドブに捨てているような感じだった。

この年からは、女優であり、後に冒険家としても有名になった和泉雅子さんがメーンキャラクターを務める、さまざまなシリーズを制作した。

79年には、電通に依頼してコマーシャル・ソングをつくって、流すようにした。

「宅急便」という商品名が多くの人に比較的早く馴染んでもらえたのは、この歌のおかげだったと思う。ラジオやテレビから流れる「クロネコヤマトの宅急便♪」のフレーズは、軽快なコマーシャル・ソングとともに、流行語のように全国に浸透していった。

なかでも、この歌をくちずさんで、宅急便を宣伝してくれたのは、子どもたちだった。子どもたちがこの歌をくちずさむことで、大人たちに宅急便の存在が浸透していったように思う。

こうして、コマーシャルを通して、宅急便が人々の目や耳に触れるようになっていくにつれて、取扱店の数も着実に増えていった。

「取扱店は荷扱所」という運輸省からの通達

ところが、1978年（昭和53年）7月、運輸省が、「取扱店は、路線事業者の荷扱所に相当する。したがって、取扱店を新設するには、事業計画の変更認可申請が必要となる」と通達してきた。

「取扱事業認可のない取扱店が、荷受や運賃収受をするのは違反だ」ということだった。ヤマトでは、取扱店は荷物を一時的に預かるだけだから、運輸省に届け出を出す必要はないと考えていた。

通達を受けてさっそく、運輸省に荷扱所の申請を行った。

しかし、その後、運輸省の担当者からあった連絡は、「認可するために公安委員会に回した申請書類を、受理してもらえない」というものだった。

「では、どうすればよいのか」と聞いても、公安委員会が書類を受け付けないから駄目だと言うばかりで、警察庁と協議さえしてくれない。これには辟易させられた。

ならば、運輸省を頼らず、俺ひとりで警察庁に行って交渉してくると息巻いて、警察庁の交通規制課に出向いた。

「あなたの奥さんが、知り合いに荷物を送ろうとしたとき、その荷物を近所の商店にまで持っていけばよいのですから、郵便局より近いだろうし、その荷物が翌日届くのは便利ですよ」

「そうは言ってもね。うちの女房がいくら偉くても、法律があるのだから」

担当者が宅急便のことをよく知らなかったので細かく説明したが、案の定、交渉は難航した。

警察庁の主張は、ヤマトが集荷する際、一時的にせよ、商店の前にクルマを駐車すれば、交通渋滞を引き起こすし、追突事故が起こるおそれもある。そうした危険があるから認可できないということだった。

しかし、その後もあきらめず、幾度にもわたる交渉を行い、警察庁は、やっと宅急便の利便性について一定の理解を示してくれた。話し合いの結果、交差点や道路の角地にある店は交通渋滞や事故が起きる懸念があるので認めないことを条件に、荷扱所の申請を受理すると言ってくれた。

「では、申請を受理することを運輸省に伝えてください」と頼むと、承知してくれた。その後、運輸省には、私が警察庁との交渉の経緯を説明した。

まだ、宅急便がそれほど浸透していないときに、警察庁がこうした判断をしてくれたことに、私はいまでも感謝している。

だが、運送業界の監督官庁である運輸省が何の行動も起こしてくれなかったのは残念だった。

「個人のお客さまと運送業者とをつなぐ窓口を街のなかにつくる」というアイデアは、それまでなかったものだし、明確な規定もなかったが、人々が恩恵を受ける新しいサービスの一環である。時代やニーズの変遷をとらえた新しいサービスや事業を興そうとするとき、一番手は常に、時代と合わない法律と戦い、役所の縦割り行政にぶつかって新しい道を切り開かなければならないということを痛感した。

増え続ける荷物をさばく中継所をどうするか

もうひとつ、ヤマトは重大な問題を抱えていた。それは、都内の中継所をどうするかという問題だった。

東京都江東区の深川にある深川中継所は、関東一円の扇の要として、ヤマトで唯一の中継機能を持つ営業所だった。土地面積はわずか2000坪だったが、当時のヤマトではいちばん広かった。各営業所から出荷された荷物は、いったん深川中継所に入り、そこで行き先ごとに仕分けされて、配達を担当する営業所に送られていた。

トラックは、深川中継所を中心とする関東圏内を「蜘蛛の巣」状に折り返し運行していた。深川中継所は、夜中もトラックが発着し、荷物の積み下ろし作業をする24時間稼働の基地だった。

しかし、長いヤマトの歴史とともに施設は老朽化していた。木造平屋建ての建物の床は板張りで、マッチ1本で全焼してしまいそうだった。あいた穴を板でふさいだ床は、つぎはぎだらけだったし、危険だった。雨の日には、天井から雨漏りもしていたので、バケツをあちこちに置いて作業をしていた。

宅急便を始める前、ワーキング・グループで議論をしていたときから、「宅急便が軌道に乗りはじめたら、物理的にすぐに手狭になる」「荷物を置くところさえなくなる」ということがわかっていた。作業が混乱すれば、翌日配達どころではなくなるおそれがあった。

しかし、そうした中継所なしで、宅急便はスタートした。そのため、深川中継所の移転先を急いで探すこと、すなわち、5000坪程度の土地を都心に見つけることが急務だった。

宅急便がスタートしてすぐに乗り越えなければならない関門はいくつもあったが、中継所をどうするかという問題も、そのうちのひとつだった。いずれも、自分たちが頑張りさえすれば解決できるという問題ではなかったが、迅速に解決しなければならないものばかりだった。

移転先の土地探しに奔走

こうして、1976年（昭和51年）、宅急便のスタート早々、深川中継所の移転先を探しはじめた。

金融機関や不動産会社に適当な物件がないか聞いたり、工場などの空地を探したりしたが、そうした土地は、都内では皆無に近かった。特に運送業のターミナルは、トラックが24時間出入りするので、市街地では嫌われものだった。地域住民の反対や道路交通法上の問題などの制約が多く、厳しい状況だった。

しかし、神はヤマトに味方をしてくれた。

ある知人から、「日本開発銀行（現日本政策投資銀行）に行ってみたらどうか」というアドバイスをもらった。さっそく日本開発銀行に赴き、都内に５０００坪くらいの土地がないかと祈る気持ちで尋ねた。ここで適当な物件が見つからなければどうしようかと思った。

すると、担当者が次のような話をしてくれた。

「ちょうどいいタイミングです。埼玉県の戸田市ですが、板橋区の川向こう、東京から見て戸田橋を渡ってすぐ右に曲がった土手沿いを３００メートルぐらい行ったところに向山工場という会社があります。約５０００坪で、埼玉県にもう少し広い土地がないか、探しているようです。まだ操業しているようですから、社長に直接会ってみたらどうですか」

欲しい土地というのは、よっぽど縁がないと手に入らないと聞いていたので、アポイントなしに、すぐにその足で現地を訪ねた。

幸いにも社長がいて、気軽に会ってくれた。名刺交換をして、まずはヤマトのことを説明した。

「今年から、宅急便という新しいサービスを始めました。これから、家庭から家庭へ小口荷物を配達する会社にしたいと考えています。簡単に言うと、郵便局のような、個人をお客さまにする運送会社にしたいのです。そのため、この周辺で、ターミナルを建設するための土地を探しています。日本開発銀行の方から、御社が近いうちに、より広い土地に移転する予定だというお話をお聞きしました。初対面でたいへん失礼ですが、もし移転計画があるなら、ぜひヤマトにこちらの土地をお譲り願いたいと考えています」

その日は、こちら側の意思だけを伝えて、失礼した。

さっそく本社に戻り、小倉社長に報告した。小倉社長はそれまで深川中継所の周辺で土地を探していたが、適当な土地は見つからず、あてもなかった。ところが、降って湧いたように、戸田の土地の話が出てきたので、方針を転換することにした。関東から東京に入るには、深川より戸田のほうがむしろ便利ではないかということになった。そして急遽、この物件をまとめることにした。

しかし、金額の交渉が難しかった。相手からは、坪あたり23万円でどうかと言われていた。昨今の土地価格からすれば安く感じられるが、当時のヤマトは、ひとつの案件で10億円以上する土地を購入したことがなかった。資金を借りようにも業績が悪かったし、事業化が難しいといわれていた宅急便を始めたばかりで、銀行も尻込みする状況だった。

ヤマトは銀行系列の会社ではないが、富士銀行（現みずほ銀行）や三井銀行（現三井住友銀行）、日本興業銀行（現みずほ銀行）がメーンバンクだった。しかし、それだけでは間に合わず、横浜銀行や千葉銀行をはじめ、20行くらいとお付き合いさせてもらわなくてはならない状態だった。

小倉社長から、「ヤマトには中継ターミナルがないので、なんとしても決めてきてくれ」と言われる一方、私の強気な性格も知っているので、「お前、あまり強気でいって相手を怒らせたらまずいぞ。せっかくの話が流れたりしたら困る」とも言われた。

会社の台所が厳しいことを十分にわかっていたので、少しでも安くまとめようと考えていた。こうなったら、熱意で口説き落とすより他に方法はない。価格をめぐる話し合いを何度か経た後の最終段階で、ひたすらお願いした。

「社長、きりよく坪20万円にしてください」

内心ひやひやだった。

「わかった。君には負けたよ。よし、20万円でいい」

向山實社長はしばらく考え込んでいたが、了承してくれた。さすがはオーナー社長だと思った。いまでも向山社長には恩義を感じている。

本社に戻って小倉社長に報告すると、普段、あまり人を誉めない小倉社長が、「ご苦労さんだった。俺はまとまるかどうか心配だったよ」と喜んでくれた。

地域住民への説明会を経て完成した第1号ターミナル

土地はやっと決まったが、役所などと建設計画の手続きをしているさなか、付近の地域住民約4000名からターミナル建設反対の署名が出された。さっそく市役所に赴いて、地域住民からの反対の趣旨を聞き、ヤマトの考えを説明した。

市役所からは、建築法上の問題はないが、地域住民を近くの小学校などに集めて説明会をやったらどうかと提案された。そこで、2回にわたり、近くの小中学校を借りて地域住民との話し合いをした。

「トラックは1日に何台くらい出入りするのか」「夜中も、大きなトラックが出入りするのか」「真夜中も作業するなら、騒音がひどいのではないか」「周辺の道路が、ますます渋滞するのではないか」など、ターミナル建設に反対する住民からさまざまな質問が出され、話し合いは2時間以上におよんだ。

ヤマトとしては、どうしても建設しなくてはならないターミナルである。私は宅急便の説明をしながら、一生懸命にお願いをした。

1977年4月に完成した最初の大型ターミナル（埼玉県戸田市）。

「宅急便は、まだ始めたばかりのサービスなのでご存じないかもしれませんが、わかりやすく言えば、ここに大きな郵便局ができると思ってください。地域の皆さんの荷物は1個でも集荷します。郵便局は集荷しませんから、便利になりますよ」

便利になるのはわかるが、他の場所に建設してくれと、なかなか了承してくれなかった。

しかし、その後も、ターミナル周辺での交通事故を防止するための安全対策や交通渋滞緩和策などについて何度か会合を重ねるうちに、徐々に反対もおさまり、市役所側もヤマトの努力を認めてくれた。

こうして、予定どおり着工にこぎ着けることができた。第1号の首都圏の物流ターミナルは、1977年（昭和52年）4月28日に完成。サンドビック製の自動仕分け機を備えた本格的ターミナルとして稼働しはじめた。

宅急便への準備が整ったのだ。これから荷物が増えることを期待して、小倉社長と喜び合った。

5月16日、宅急便基地は、狭かった木造の深川中継所から戸田の新ターミナルに移管された。思い出深いターミナルの落成だった。

なぜクロネコはライオンを蹴っ飛ばしたのか

1978年（昭和53年）11月のことだった。ヤマトは、小倉初代社長の時代から大事なお客さまだった三越に「配達を辞退したい」と申し入れをした。

このことは、新聞や週刊誌などで「ライオンがネコに蹴っ飛ばされた」と報道され話題になった。それは、「三越」というよりも「岡田三越」の配達から辞退したいという訣別の意思表示だった。

もし小倉初代社長が元気だったら、「三越さんには昔から世話になっている。たとえ、どんなことがあろうとも、こちらから辞退することは認めない」と言われたことだろう。

それでも、小倉社長や私が「岡田社長にはついていけないから、三越から辞退したい」と相談したら、ヤマトはどちらを選択しただろうか。

ヤマトは、創立4年後の1923年に三越との取引を開始した。三越は、ヤマトにとって創業以来最も古く、収入の5％を占める大切なお客さまであると小倉初代社長はよく言っていた。

三越関連の仕事で破損事故や紛失事故が起きると、責任者は転勤させられる。そう噂されるほど、初代社長は三越を大事にしていた。

しかし、72年に岡田茂氏が社長に就任すると、三越の姿勢は大きく変わった。それは、下請け業者に対して「使ってやる」「買ってやる」という姿勢そのものだった。

岡田三越からの要求に、がまんの限界

１９７４年（昭和49年）10月、三越の配送部長から呼び出しがあった。

さっそく三越の配送部に行くと、配送部長から「三越は赤字なので、配送コストを縮減したい。ついては、契約条件を変更させていただく」と唐突に言われた。都内配送1個あたりの運賃を、それまでの１８８円から１４８円にするという。

私は、この一方的な通告に驚き、はらわたが煮えくりかえった。それまで、人件費アップ分として1個あたり年４円程度しか運賃は上がらなかった。40円の引き下げは、いきなり10年前の運賃に戻せということになる。ヤマトの業績悪化は明らかだった。

配送部長は、「三越との取引をやめたければ、それでもいいですよ」という態度だった。

私は抵抗したが、小倉初代社長の「三越さんを大事にせよ」という教えが、頭をよぎった。三越の赤字が解消するまでは、この引き下げ要求に応じるしかないのか。小倉社長と相談し、赤字が解消したらすぐに元の運賃に戻してもらうことを約束して、やむなく了承した。

だが、このときに配送部長が通告してきた契約条件の変更は、配送料金の引き下げにとどまら

なかった。三越の施設内にあったヤマトの事務所の家賃や、クルマの駐車料金を徴収するなど、契約条件の変更は多岐にわたった。しかも、そのいずれもが、その月から実施された。

さらに、76年2月には、それまで三越が使っていた板橋配送センターが遊休となったので、これを借り受けるようヤマトに求めてきた。本来なら不要な施設だったが、やむなくこれを受け入れ、三越以外の業務に使うことにした。賃料は高く、もちろん赤字だった。

こうして、ヤマト三越出張所の収支は急速に悪化し、毎年1億円以上の赤字となった。

この他にも、三越が関係していた映画の入場券を大量に押し付けられたり、高額な絵などを購入させられたりした。やむをえず、いちばん安い50万円の絵を購入して専務室にかけておいたが、その絵を見るたび頭にきていた。ヤマトとしても、がまんの限界を超えていた。

配送部長に取引辞退の申し入れ

岡田社長に年末のご挨拶をしようと、小倉社長と三越本店を訪問したときのことである。

「たくさんのお歳暮品の配達をさせていただき、ありがとうございます」とお礼を言うと、岡田社長はソファにもたれたまま、「ああ、そうかね」と一言発しただけで一顧だにせず、すぐに応接室を後にした。

帰り道、小倉社長と「もう岡田三越にはついていけないな」と話し合った。

その後、一方的な運賃値下げから4年ほどして、三越が黒字に転じたという新聞記事を見た私は、さっそく三越の配送部長に会いにいった。

「4年前に三越さんから、赤字なので配送料金を値下げしてほしいという要請を受け、業績が悪いときはお互いさまということで当社も協力してきました。しかし、そのために当社は、毎年1億円以上の赤字を出しています。三越さんは黒字になったそうですから、そのときの約束どおり、値下げ前の元の料金に戻してください」

しかし、こちらからのお願いは一切受け入れてもらえなかった。それより、三越ののれんをくぐっていれば、他の商売でいいこともあるだろうと言い放った。慢心そのものだった。

私は、怒り心頭で本社に戻り、このことを小倉社長に報告した。

数日後、小倉社長から、社長室に来てくれという呼び出しがあった。

「三越をやめようと思うんだけどな。どう思う？」

「思い切ってやめましょう。三越出張所の社員たちには、宅急便のほうで集配をしてもらいますから」

このとき、三越撤退は決まった。

「まず、君が配送部長のところへ行って、辞退することを通告してこいよ。その後で俺が本店長に言いにいくから」

小倉社長と手分けをして辞退の申し入れをすることにした。私は、さっそく配送部長に会いにいくことにしたが、ちょうど10月で、お歳暮シーズンの前だった。繁忙期の配送を混乱させるのは申し訳ないし、三越の仕事をしているヤマトの社員に撤退することが広まると業務に影響が出かねないので配送部長にこう申し入れた。

「ヤマトは三越から手を引かせていただきます。長いあいだ、お取引いただき、ありがとうございました。来年2月までは継続させていただきますので、それまでに、後の運送業者を決めておいてください」

配送部長は、突然の撤退の申し出を予想していなかったようで、かなり驚いた様子だった。

「取引をやめなくてもいいじゃないか。上司にも報告して相談するから」

その後、三越の役員たちが、運賃を元に戻すので撤退を思いとどまるよう小倉社長に要請してきたが、すべて断った。1923年（大正12年）から続いた三越さんとの長い歴史は、79年2月、こうして幕が下りた。

その直前の1月15日、創業者である小倉初代社長は89歳で逝去した。もしもこのときに存命だったら、「何が理由だろうと、三越さんの昔からの恩義を無にすることがあってはならない」と怒られたことだろう。初代社長に対しては申し訳なく思っている。

その後、三越出張所に勤務していた250名の社員と、ご苦労さん会を東京・白金の八芳園で開いた。社員のほとんどは宅急便の仕事に移ってもらった。宅急便を始めてからすでに3年経っており、受け皿の心配がなかったからこそ、思い切ったことができた。

82年9月、三越取締役会は岡田社長の解任を決議した。

松下電器との取引を辞退する

松下電器産業も、三越に収入面で勝るとも劣らない重要なお客さまだった。主として関西に工場を持ち、テレビや洗濯機、冷蔵庫などを製造して、全国の販売会社や販売代理店、倉庫などに大口で出荷をしていた。

振り返ると、大阪支店の開業は、1960年（昭和35年）3月1日のことである。その前の年の11月に待望の大阪路線の免許を取得し、さっそく開業の準備に入った。大阪の土地勘がまったくなかったので、当時部長だった小倉さんと5日間ばかり現地に滞在して、空き倉庫などを探した。

支店は、とりあえずの店だったので、狭いところでもやむをえないことにした。開業時の支店の陣容は、本社で輸送課長をしていた小川昌之支店長以下、総員約50名で、2往復するために大型車8台を配置した。集配車はたったの4台だった。

その後、大阪支店は、西区川口町に約400坪の土地を購入して、ここを営業拠点とした。すでに西濃運輸や福山通運が顧客をがっちり押さえていたので、下り荷（東京から大阪に向かう貨物）に対して上り荷（大阪から東京に向かう貨物）が少なく、荷主の獲得に苦労したが、それでも、早川電機工業（現シャープ）や松下電器を大口の荷主として獲得し、取引を拡大していった。

当時、まだ大口志向だったヤマトにとって、松下電器は最適なお客さまだった。大阪へ出張したときには同社を訪問し、関東方面に白物家電をもっとたくさん出荷してほしいとお願いした。担当者はいつも快く相談に応じてくれて、東京方面への出荷量は年々増加した。松下電器は、大阪支店でいちばんの大口荷主となった。

ところが、76年、ヤマトは営業方針を大口から小口へと転換する。小倉社長と相談して松下電器との取引を辞退することにしたが、収入に大きな影響を与えるため、役員会にはかることにした。

案の定、賛成は得られなかった。業績が悪いなか、大口をやめてまで一気に小口化をはかるのは危険だという意見が大勢を占めた。

しかし、このままでは、業績が悪化していくだけである。現場では、親しみ慣れてきた大口貨物を好み、手がかかる小口荷物を嫌う傾向があり、小口化を進めるには退路を断つしかない。乏

1961年12月、大阪市西区に新設した大阪支店。

しい経営資源を宅急便に集中させるためにも、長年続けてきた松下電器との取引をやめざるをえなかった。

「松下電器との取引をやめて、小口に専念したい。宅急便は社運を賭けた大事業であり、逃げ道を用意していては絶対に成功しない」

小倉社長が強い意思を述べ、了承された。

退路を断って小口に賭ける

取引辞退の説明とこれまでのお礼の挨拶をするために、大阪の松下電器に向かった。宅急便が始まって3年目の1979年（昭和54年）だった。松下電器はヤマトの辞退を事前に承知してくれていたので、いきさつを説明して、小口荷物を扱う会社にしたいことを伝えた。

「わかりやすく言えば、郵便局と競争するような会社に変えたいんです」

「宅配は手間もコストもかかり、事業化は難しいと言われているようですが、大丈夫ですか」

と質問された。

「これからやっていくことなのでわかりませんが、始めた以上は、あらゆる困難を乗り越えて、頑張り抜くつもりです」

「営業方針の変更だからやむをえませんね」と快く了解してもらった。

挨拶を終えて松下電器の門を出るとき、もうこの門はしばらく、くぐれないなと思った。「宅急便がうまく軌道に乗らないので、もういちど大口で出荷してください」とは、口が裂けても言えない。

新規事業を始めるときは、皆がこういう危険なことをするのだろうか。だが、なにがなんでも頑張るしかないと自分に言い聞かせた。

この年には、宅急便に絞り込むため、松下電器のほか、路線トラック部門で長いあいだお世話になった大口顧客との取引をすべて辞退させてもらった。

営業所のなかには、本社の指示だと頭ではわかっていながらも、大事にしてきた荷主との取引をなかなか辞退できないところもあった。営業方針の転換は、収支責任を持たされている営業所長にとってたいへんなことだったと思う。

この年、安定収入を失った路線トラック部門は赤字となった。収入が一時的にダウンするのはまぬがれないが、宅急便による収入で挽回できるようになるまでにはどのくらいの期間がかかるのか心配だった。

社員は、かなりの危機感を持っていた。ヤマトが商業貨物の取引を辞退していることを知った業界は、ヤマトは大丈夫なのかと疑念の目で見ていたようだ。

しかし、こうした背水の陣が、社内の宅急便に賭ける意識を高め、翌年には利益が出た。これも、全社員の努力の賜物である。現場で頑張ってくれた社員たちに頭が下がる思いでいっぱいだった。

順調に増えていった取扱個数

初年度となる1976年（昭和51年）の宅急便の取扱実績は、約170万個だった。まだ、この時点では、どのくらいまで増えていくのか見当もつかなかった。

しかし、2年目には約540万個、3年目には約1087万個と、取扱個数は順調に増えていった。

予想以上の増加は、翌日配達の実績がお客さまに認識され、便利さがクチコミで広がっていったからではないかと考えている。そのほかにも、①取扱店が増えたこと、②免許の関係で初年度のサービスエリアは関東地方だけだったが、同業の路線業者と「連絡運輸」で提携したこと、③同業者の路線権を一部買収することで宅急便のサービスエリアを広げていったことなどが挙げられる。

連絡運輸とは、運送免許を持つ他の路線業者と提携して、荷物を配達してもらうことである。

宅急便の取扱個数の推移

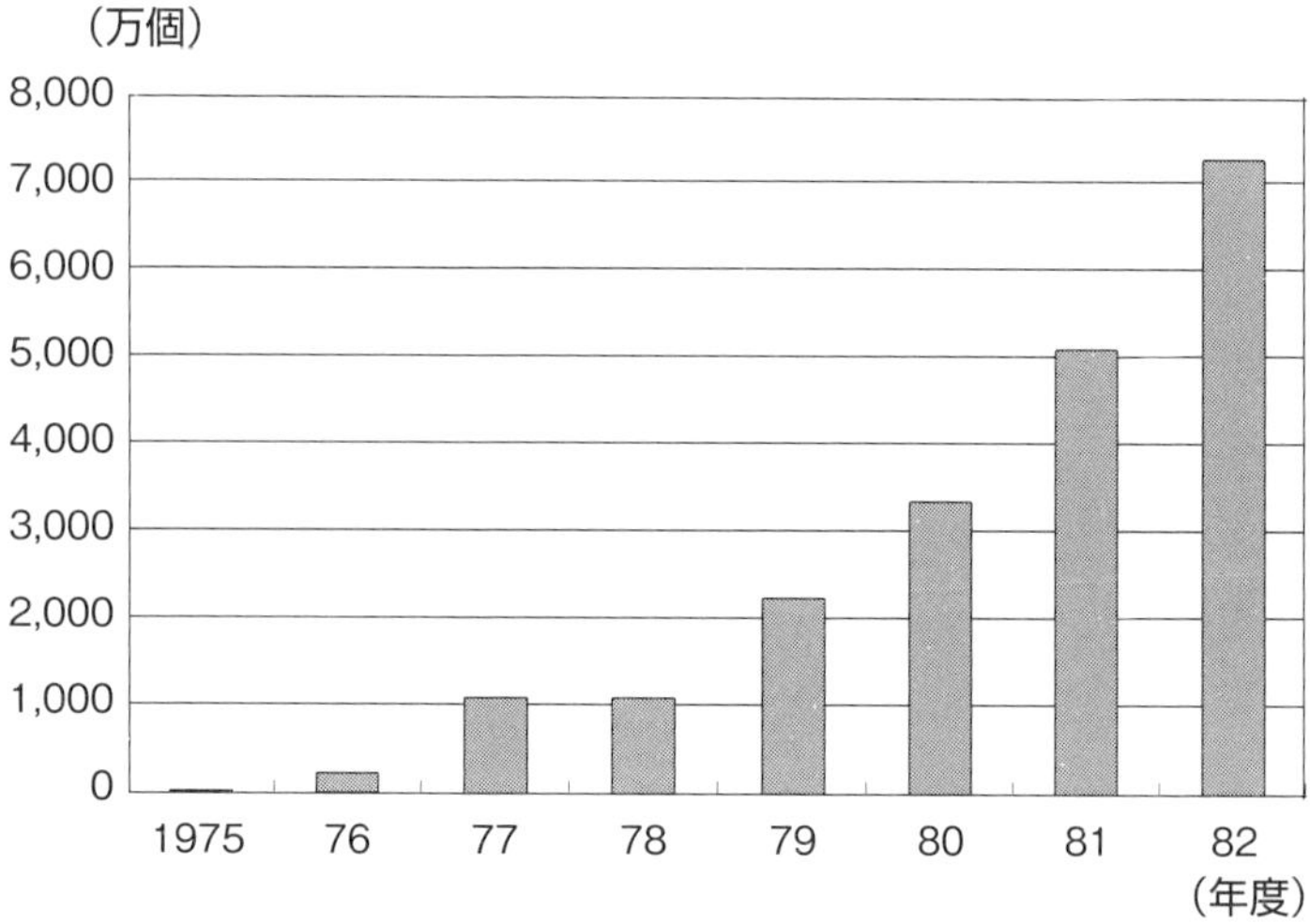

（注）1975年度は76年1月20日から3月31日までの合計。

たとえば、当時のヤマトは、東京の八王子までしか免許を持っておらず、甲府や長野に荷物を届けることができなかった。そのため、山梨県や長野県で免許を持つ地元業者に荷物を配達してもらっていた。

くわしくは第4章で述べるが、サービスエリアを拡大するには、路線免許の取得が必要となる。しかし、運輸省の認可が遅々として進まないので、免許取得に時間がかかりそうな地域については、それまでのつなぎとして、このような方法をとらざるをえなかった。

その後、取扱個数は、79年には約2200万個、80年には約3300万個、81年には約5000万個超に達した。

このころ、やっと見通しがつき、ある程度、自信が持てるようになった。小口輸送を効率的に行うためには「規模」と「密度」がものをいう。5000万個を超えたときが、社会で宅急便が認知されたひとつの節目だったのかもしれない。

取扱店争奪戦の勃発

1981年（昭和56年）ごろになると、それまでまったく宅配に関心を持たなかった路線業者たちが、あわてはじめた。ヤマトに続けと、取扱店になりそうなお店を自社の取扱店にしようと訪問しだしたのだ。

各社は、取扱店を増やすためにさまざまな条件を提示したようだった。すでに多くの取扱店を抱えていたヤマトが標的にされた。ヤマトの取扱店だったはずのお店の看板が、クロネコから、翌日には他社のものに替わっていたこともあった。

こうなると、ヤマトとしても黙っているわけにいかない。取られた取扱店をまた取り返すといった陣取り合戦のようなことが現場で起きはじめた。

急激に起きた、この取扱店設置の社会現象は、この年の11月28日に放映されたテレビ番組「JNN報道特集　クロネコを追え　宅配戦争」でも取り上げられた。宅配をやらなければ運送業者にあらずとばかりに30数業者が参入してきていたのだ。

街の商店やコンビニエンスストアなどには各社の色とりどりの看板が立ち、商店街は取扱店で賑わった。ネコやペリカン、カンガルー、赤犬、ライオン、象などのマークが並び、まるで「動物園」のようだった。

前述のテレビ番組によると、全社をあげて取扱店獲得に動いていたのは、日本運送を核とした全日本流通の「フットワーク」と日本通運の「ペリカン便」などだった。

なかでもフットワークが、1日5店の取扱店を獲得するよう朝礼で指示を出している様子が放映されていた。各社とも危機感を抱き、あわてて従業員に取扱店確保の号令を出しているようだっ

1983年8月に宅配便運賃が認可された事業者一覧

便名	事業者
王子宅配便	王子運送
カンガルー便	西濃運輸他
近鉄宅配便	近鉄運輸
グリーン宅配便	松岡満運輸
グリーン宅配便	三八五貨物自動車運送
グリーンホームライナー便	郡山運送
札通急便	札幌通運
産交ふるさと便	九州産交運輸
システム宅配便	福山通運
シルバー特急便	新潟運輸建設・新潟運輸倉庫
スーパー宅配便	青森定期自動車
スワロー宅配便	札樽自動車運輸
スワロー便	武蔵貨物自動車
西武宅配便	西武運輸・九州西武運輸
第一貨物宅配便	第一貨物自動車
宅急便	ヤマト運輸・四国高速運輸
宅配便利便	久留米運送
中越宅配便	中越運送
つばめ便	エスラインギフ他
丁重便	丸運
ハート宅配便	岡山県貨物運送
ヒメゴー宅配便	姫路合同貨物自動車
ふるさと特急便	トナミ運輸
ペガサス特急便	近鉄大一トラック
ペリカン便	日本通運
名鉄宅配便	名鉄運輸
ラビット便	神田運送

便名の50音順で表記。

た。

この番組の放映は、各社の取扱店獲得競争に油を注ぐことになったが、私としては、各社の動きや取り組みの様子がよくわかり、対策をとりやすくなった面もあった。

増える宅配便への苦情が社会問題に

しかし、この年はある意味でたいへんな年だった。宅配事業に乗り遅れまいと、商業貨物と個人荷物の違いや宅配の難しさを研究しないで各社が参入したため、荷物の延着や紛失、破損が増え、不在対策や苦情処理なども含めて社会問題にまで発展した。

1982年（昭和57年）5月には、NHK名古屋放送局から連絡があり、近ごろ社会問題になっている宅配便の苦情についての番組をつくりたいので、放送局まで来てほしいという依頼があった。「暮らしと経済」という番組だった。

この番組でアンケートをとったところ、9割の人が宅配便を知っており、4割の人が利用しているという回答だった。この時点でも、宅配便がかなり認知され、利用されるようになっていたことがわかった。

番組に出席したのは、消費者側として主婦の牧野サク子さん、消費科学連合会事務局長の伊藤康江さん、名古屋市消費者生活センターの加藤紀世子さん、業界側からは運輸省貨物課長の浅見喜紀さん、流通政策研究所主任研究員の中田信哉さん（現神奈川大学名誉教授）と、私の6名だった。

座談会の内容は、もっぱら業者への苦情の話だった。「荷物が不着あるいは紛失した」「苦情を言っても返事がこない」「業界や運輸省はどう考えているのか」「トラック協会で指導できないのか」など、60分にわたり厳しい質問を受けた。

流通政策研究所の中田さんは、業界側の内情を説明しながら、改善策について話してくれた。運輸省の浅見課長は、行政としてももっと業界を指導するようにと問いただされ、苦しい答弁をしていた。

業者側の代表である私に対する質問が多くなるのは、やむをえないことだった。しかし、アナウンサーが司会を始めたとたん、「最近では、取扱店を通じて家庭から出荷される宅急便が急激に増えて、品質が悪くなったと言われています。したがって苦情も増加し、社会問題となっています。本日は、この問題につきまして……」と話すのを聞いて私はびっくりした。

この司会者は、「宅配便」と「宅急便」を混同している。宅配便はサービスの一般名称だが、宅急便はヤマトのブランド名である。

業界の代表として出演していた私は、「それは、宅配業者の数が急激に増えたからです」とは釈明できず、困惑していた。しかし、このままでは、宅急便が事故ばかり起こしていることになってしまう。意を決して司会者に注意しようとすると、ちょうどうまい具合に機器が故障して、10分ほど番組が中断した。

生放送だったら取り消せないが、幸いにして録画番組だったので、そのあいだに、「宅急便」はヤマトのブランド名であること、一般的には「宅配便」と呼ばれていることを司会者に伝えた。番組は、初めから撮り直しになった。

宅配戦争はサービスの向上につながるという点ではよいことだが、やる以上は、苦情にもきちんと対応しなければならない。そうしないと業界全体が信頼されなくなる。自戒も含めて、つらい60分だった。

ライバルはいずれもヤマトより力のある会社

各社がいっせいに参入してきたが、すべての路線業者が生き残れるはずはない。どこの会社が全力を傾け、先行しているヤマトに追随してくるのか、関心を持たざるをえなかった。

当時の私の予想をここに記すことは失礼にあたると考えたが、もうかなりの時間がすぎたことでもあり、あえて率直に書きとめることにした。

私がヤマトの強敵になるだろうと考えた会社（あるいはグループ）は、次の6つだった。トップクラスといわれていた好業績の西濃運輸、福山通運、日本運送を核とした全日本流通。西武運輸を中心とした連絡運輸グループ、総合物流で強い日本通運。そして、すでに全国ネットワークを持っていた郵政省の郵便事業だった。いずれも、ヤマトより力のある会社だったので、追随されることを非常に脅威に感じていた。

なかでも、いちばん優位にあったのは郵政省の郵便事業だった。宅配事業は、全国ネットワークを持ち、かつ過疎地にも配達できなければ、お客さまの満足は得られない。当時、全国ネットワークを持っていたのは郵便事業だけだった。ヤマトを含む路線業者はそれぞれ地元の運送免許しか持っておらず、全国に配達できるようになるには、運輸省に申請して運輸大臣の免許をとらなければならなかった。

しかし、現実には、運輸省へ申請しても地元業者が反対するため、免許が認められることはなかった。民間が全国ネットワークをつくるのは不可能に近かった。

そこで、各社はグループを組み、先ほど説明した「連絡運輸」による全国配達をもくろんだ。

ヤマトは単独で免許を運輸省に申請していたが、なかなか認められずにイライラしていた。免許をとるまで時間がかかりそうなので、やむをえず、一時的に同業者と連絡運輸で提携したり、他社が持っている路線権を買収したり、免許を必要としない軽車両による運送を行ったりしてサービスエリアの拡大をはかった。

宅配で生き残るのはどこか

同業者のなかでも取扱店の確保に目に見えて力を入れていたのは、全日本流通だった。しかし、全日本流通は、数社の同業者が連絡運輸でネットワークを組んだグループである。私は、ひとつの会社でなければ、宅配運賃の取り決めやその配分、情報通信や事故処理などを行うのは困難だと見ていた。日本運送が、同業者寄り合いの連絡運輸から離脱し、単独の宅配専門会社としてヤマトに挑んでくるかどうかを注意して見ていた。

福山通運は、現状の路線貨物で、すでに十分な利益を出していた。したがって、まだ将来を見通しきれない宅配で大きく手を広げることはないだろうと静観していたのではないか。しかし、資金力のある会社だったので油断はできなかった。

西武運輸を中心としたグループも、数社による連絡運輸だった。そのため、取扱店を増やして荷物をたくさん集めたとしても、全国網をつくり上げるのは難しいと見ていた。

日本通運は、日本の総合物流会社として陸海空の大組織を持ち、国内では倉庫業も国内有数の規模を有していた。また、航空貨物や海運貨物などの取り扱いで利益を出すとともに、国鉄貨物取扱やトラック輸送なども行っていた。したがって、宅配のような小口で、手のかかる業務は不向きなのではないかと思っていた。

ペリカン便の部門に力を入れても、日通全体から見れば、それほど大きな収入にはならない。宅配事業を会社全体で大きく育てるのは、日通の組織では無理ではないかと想像していた。

では、郵便局はどうか。宅急便が大きく伸びていたので、本来ならいちばん関心を持っていたはずである。だが、取扱店にあたる特定郵便局、そして全国ネットワークをすでに持っているとともに盤石な国営なので、ヤマトはたいしたことはないと安心しているようだった。しかし、私は、「集荷をしない郵便小包が増えることはないだろう」と思っていた。

一社単独でなければお客さまに満足してもらえない

私がいちばん脅威を感じていたのは、西濃運輸だった。

西濃は、最も業績がよく、資金も充実していたように見えた。宅急便が5000万個に到達したとき、もしも西濃が総力をあげて宅配業界に入ってきたら、どうなっていただろうか。

そのころのヤマトは、まだ宅急便を始めて5年目であり、体力のない会社だったので、西濃に追いつかれていたかもしれない。かつて、東京―大阪線でヤマトが西濃に敗北したときの二の舞になるのではないかと、いちばん警戒していた。

特に、西濃という会社は、創始者である田口利八社長の号令で、すぐに行動を起こせる会社でもあった。

なぜか私は、業界のドンだった田口社長からよく声をかけてもらっていた。私がまだ営業部長だったころ、業界内で起きた、あるもめごとを解決するために、当時、全日本トラック協会会長だった田口社長から指示を受けたのが縁だった。そうした関係から田口社長にかわいがってもらっていたが、一方で田口社長が、いざとなると何をするかわからない剛腕社長だということもよく知っていた。

しかし、西濃も業績がよかったため、宅配にはあまり手を出さず、取扱店戦争にもそれほど積極的な参入はしなかった。

西濃が宅配に参入するかどうかを探っていたところ、「西濃は、ヤマトのように現在の顧客を捨ててまでして宅配には参入はしない。いまの顧客で十分に利益をあげているからだ」という話を聞いていったんは安心したが、それでもずっと心配だった。

そのころの私は、将来、宅配で勝ち残るためには、いくつかの条件が必要だと考えていた。そのひとつが、「一社単独で運営する」ということだった。一社単独で運営しなければ、お客さまに満足してもらえるサービスを提供することはできないからである。

全国統一されたシステムやサービス、運賃設定や情報通信、特に、お客さまと接するドライバーの教育やお客さまが不在だったときの対策、苦情処理の迅速化など、ひとつの会社でなければ対応できない課題がたくさんあった。他社との提携による連絡運輸では、荷主に対して十分なサービスを提供することができず、うまくいくはずがないと思っていた。

お客さまにとっては、運送会社の免許など関係ない。一社で全国免許をとり、すべての問題を解決していかなければならない。全国ネットワークを持たないと、よりよい宅配サービスができないことを運輸省によく説明して、なにがなんでも全国免許をとらなくてはならないと思っていた。

〔第3章〕

なぜ郵政に挑戦したのか

集荷しないサービスが相手なら必ず勝てる

ＪＲがまだ「日本国有鉄道」（国鉄）といわれていた時代、お客さまの立場に立ってサービスの改善をはかろうとする意欲はあまり見えなかった。これには、いくつかの理由が考えられる。たとえば、「国営だから赤字になっても会社は潰れない」といった意識がある、あるいは、競争相手がいなかったせいもあるだろう。

そんな安心感があるからか、お客さまを顧みずにストを頻発させたり、労使紛争に明け暮れたりしていたのが、当時の国鉄だった。経営者や労働組合は、長い慣習や惰性というレールに乗って、そこから脱線することなく経営をしていた。

しかし、民営化されて「ＪＲ」という新しい社名に変わると、お客さまの立場になって考える会社へと転換した。レールの上を電車が走ることは変わりないが、新しいサービスをつくりだして、親しみやすい会社に変身した。この間の努力は、並大抵のことではなかっただろう。

私も宅急便の開発にあたり、長いあいだの悪しき慣習の壁を打ち破って従業員に発想の転換を求めることがいかにたいへんかを経験してきた。そうした者のひとりとして敬意を表したい。

利益は結果だが、国鉄時代に赤字だったＪＲも、いまは上場して配当を支払える一流の会社になった。民営化されて、国にすがることなく自力で経営をしていることは、国民にとっても喜ばしいことである。

ＮＴＴもしかりである。日本電信電話公社の時代には強力な競争相手はいなかった。しかし、民営化された後、通信の自由化の波が押し寄せると、否応なく熾烈な競争の波に巻き込まれた。いまでは競争という嵐のなかで新しいサービスを模索し、同業者と戦っている。民間会社として上場し、黒字を出して配当している。

これに対して、郵便事業を行う日本郵便は、国が１００％出資する日本郵政の完全子会社である。

ヤマトが１９７６年（昭和51年）に宅急便を始めたときは、もちろんゼロからのスタートだった。当時の運送業界では、郵便局が扱っている家庭から家庭への小口の荷物はコストや手間がかかるというのが常識だった。そのため、ヤマトも含めてどの運送会社も小口荷物を扱っていなかった。

では、なぜヤマトは国営の郵便局に挑戦したのか。それは、強力な競争相手がおらず、サービスが悪かったからである。他に小口の荷物を運んでくれるところがなかったので、当時の人々が郵便局か国鉄の駅に荷物を持ち込むしかなかったことは、第1章で述べたとおりである。

お客さまの立場に立って考えよう

当時、小包を扱う郵便局は、集荷をせずに「持ってこい」、規則どおり2枚の荷札を付けてくれば「送ってやる」、いつ着くのかと聞けば「いつ着くかわからない」のサービスだった。国営だから潰れることもないし、競争相手もいないのでサービスを改善しなくてもよかった。赤字になれば値上げをして事業を続けることができる。

たとえば、封書の郵便料金は１９９４年（平成６年）に80円に値上げして以来、２０１２年までの18年間、値上げされていない。これは非常に立派なことである。

郵便事業の収支は正式に発表されていないのでわからないが、合理化が進んでいて値上げをする必要性がないのか、競争相手を意識して値上げをしないのか、あるいは、その他の理由があるのだろう。経営的にいえば、配達する荷物がある程度の水準まで増えなければ、密度化が進まず、コストが下がらないので赤字になってしまう。

多くの荷物の配達をお客さまから任せてもらうには、お客さまが喜んでくれるサービスをつくりださなければいけない。ヤマトもまだ十分なサービスができているとはいえないが、おかげさまで、２０１２年度の宅急便の年間取扱個数は約14億個である。

くわしくは後で触れるが、スキー宅急便やゴルフ宅急便、クール宅急便、宅急便コレクトサービス、空港宅急便などのさまざまな新しいサービスを開発してきた。また、荷物追跡システムを開発するなど、お客さまの利便性を高めるためのサービスも開発してきた。今後も、さらに創造的で、信頼される会社になることを期待している。

そのうえで、同業者とはお客さまに喜んでもらえるような競争をしたいし、お客さまもそれを望んでいると思う。

前島密の郵便建議に込められた精神

では、国営の郵便事業は、いかなる精神から生まれたのだろうか。

それは、近代的郵便制度の創設者である前島密《まえじまひそか》にあるとされている。前島は、郵便の重要性について早くから着目していた。

フリーランスライターの淵澤進さんによれば、前島が立案した「布告案」の冒頭では、当時の民間が行っていた「飛脚便」の欠点が羅列されているという。それは、遅配があるばかりか、料金が高すぎて貧しい人には使えず、商売にも影響する、さらに、都会から遠く離れた土地ともなるとまったく届かない、というものだった。だからこそ、前島は、利用者の立場に立った制度として日本全国のネットワーク化が必要だと説いたのである。

そのうえで、当時の時代状況を鑑み、最も効率よくそれを実現するための方法として考案されたのが、特定郵便局のもととなった官主導の郵便制度である。

しかし、前島は、初めに国家独占ありきで郵便制度を発想したわけではない。むしろ、先に立ったのは、近代国家、近代産業を興隆させるには日本全国のネットワーク化が必要だという信念だった。

郵便法では、郵便業務は国の独占事業であるとしているが、だとしたら、国のありようを憂えるなかから郵便制度を創立した前島の発想と違うのではないだろうか。いまはもう、前島が活躍した140年前と違い、「民間ではできない」という時代ではない。

私は、現役時代、郵便法第5条にあった「信書の解釈」について郵政省と争ってきた。一緒に戦ってきた小倉社長は、いまは亡くなり、私もヤマトから身を引いたが、いまでは、信書便法なるものが施行されている。

読者の皆さんは、郵便法に違反すると罰金や懲役になるということを知っているだろうか。ここでいう「信書」とは、特定の人に宛てた通信文を記載した文書を指す。そして、郵便法では、郵便業務は国の独占事業であり、民間の運送業者が信書の配達を行うことを禁じている。

信書とは何か

では、いったい、何が信書にあたるのか。郵便法や信書便法によれば、信書とは「特定の受取人に対し、差出人の意思を表示し、又は事実を通知する文書」であると規定されている。総務省の「信書に該当する文書に関する指針」によれば、信書に該当する文書は以下のとおりである。

・書状
・請求書の類（納品書、領収書、見積書、願書、申込書、申請書、申告書、依頼書、契約書、照会書、回答書、承諾書など）
・会議招集通知の類（結婚式等の招待状、業務を報告する文書など）
・許可書の類（免許証、認定書、表彰状など）
・証明書の類（印鑑証明書、納税証明書、戸籍謄本、住民票の写しなど）
・ダイレクトメール（文書自体に受取人が記載されている文書、商品の購入等利用関係や契約関係等特定の受取人に差し出す趣旨が明らかな文言が記載されている文書）

一方、信書に該当しない文書は次のとおりである。

・書籍の類（新聞、雑誌、会報、会誌、手帳、カレンダー、ポスターなど）
・カタログ
・小切手の類（手形、株券など）
・プリペイドカードの類（商品券、図書券など）
・乗車券の類（航空券、定期券、入場券など）
・クレジットカードの類（キャッシュカード、ローンカードなど）
・会員カードの類（入会証、ポイントカード、マイレージカードなど）
・ダイレクトメール（専ら街頭における配布や新聞折り込みを前提として作成されるチラシのようなもの、専ら店頭における配布を前提として作成されるパンフレットやリーフレットのようなもの）

郵政省での勉強会の講師を頼まれる

1976年（昭和51年）に宅配便事業がスタートすると、私はがぜん同業者となる郵便局のことが気になりはじめた。まだ、宅急便を始めたばかりで、どんなサービスなのかお客さまに認知されていなかったので、手製のチラシを郵便局の前などで配ることもあった。

「民営では、宅配は事業化できない」と言われていたので、郵政省も、たいしたことはないと当初はそれほど気にしていなかっただろう。ところが、宅急便が順調に伸び、5年後には取扱個数が5000万個を超える成長を遂げた。

ヤマトでは宅急便の年間取扱個数を毎年、運輸省に報告したり、業界紙に発表したりしていたので、その数字を見て郵政省も関心を持たずにはいられなくなったのかもしれない。

81年、親しかった郵務局長から、「うちの若手に、宅急便の将来像を話してやってくれないか」と省内で行われる勉強会の講師を頼まれた。当時、ヤマトと日通は共同で「郵袋」を汐留や秋葉原などの貨物駅まで運んでいた。営業本部長だった私は、かつて通運部の汐留営業所に勤めていたこともあり、この仕事の関係で、霞が関の郵政省郵務局にはよく顔を出していた。

宅急便を始めたヤマトにとって郵便小包はライバルである。勉強会の講師を引き受けることは、敵に塩を送ることにもなるかなとも思ったが、普段お世話になっている相手でもあり、引き受けることにした。

それぞれ出席者20名くらいのグループに対して2回行われた勉強会では、当時の郵便局のサービスについて、かなり辛口な意見を言った。

「郵便小包は、お客さまの立場に立って考えていないのではないでしょうか。なかでも、いちばん問題なのは、郵便局の窓口で受け付けた小包が、いつ相手のところに着くのかわからないということです。これには、驚かざるをえません。現地までの輸送を国鉄の貨物列車でやっているようでは、時代遅れの感があります。ヤマトでは、トラックでやっています。そのうち、郵便小包はなくなるのではないでしょうか」

しかし、話を聞いてくれた郵政の若手たちは、そんな馬鹿なことがあるかというような顔をしていた。

小倉社長宛ての警告書

取扱個数が7000万個を突破した1982年（昭和57年）4月28日のことである。一通の警告書が、小倉社長宛てに届いた。差出人は、郵政省大臣官房監察第一部担当上席監察官である。その警告書には次のとおり記されていた。

……貴社のチラシによりますと「本社―支店間で書類やパンフレットなどを送りたい時、（中略）宅急便をご活用ください」とあり、また、貴社開発の「宅急便（小物入）」のバッグは密閉された紙袋で書類を送るのに好都合に出来ているように推察されますが、そのようなことから、あるいは信書に相当する書類が、この宅急便バッグに納められて運送されることがないかと懸念されるものであります。

ご承知のことと存じますが、郵便業務は国の独占となっているものでありまして、何人も他人の信書（貨物に添付する無封の添え状又は送り状を除きます。）の送達を業としてはならないことはもとより、運送業者、その代表者又はその代理人その他の従業者は、その運送方法により他人のために信書の送達をしてはならないことになっております。

そして、これに違反しますと運送営業者、依頼者の双方とも罰せられます。

このような信書送達の規制は、……

また、警告書には、「貨物の引受けに当たっては信書が封入されていないかどうかについて十分御注意されるとともに、貴社の本・支店はもとより営業所、取扱店などにもご指導を徹底していただきたいと存じます」とも書かれていた。

このため、ヤマトでは、「信書を荷物のなかに入れないようにしてください」というポスターをつくり、営業所に貼ったりしたが、ひとつひとつ荷物を開けて確かめるわけにもいかず、困った。

お願い

宅急便をご利用の際に、荷物と一緒に手紙（信書）を入れて送ることは郵便法で禁じられていますのでご注意下さい。

昭和五十九年五月

ヤマト運輸

お客様各位

当時、営業所に掲示したポスター。

女子高校生も罰せられるのか

しかし、郵政省からの警告書は、これだけではなかった。

1984年（昭和59年3月）には、こんなこともあった。関東郵政監察局水戸支局長からの警告書が、ヤマトの水戸営業所長に届いたのである。警告書には、次のことが書かれていた。

……別添新聞記事のとおり、「茨城県の女子高校生から、バレンタインデーの2月14日、中曽根首相あてに宅配便でチョコレートが届いた、中には手紙も添えられていた」との報道がありました。

運送業者等による信書の送達が、郵便法第5条により禁止されていることにつきましては、十分御理解をいただいていることと思います。この新聞記事の運送業者等は明らかではありませんが、貴社におかれましても郵便法第5条に触れるようなお取り扱いがないように従業員の皆様及び関係の皆様に周知徹底方、よろしくお取り計らい願います。

なお、参考資料として「信書の意味と具体例」を同封いたします。……

この警告書が示す記事とは、84年2月15日付の「日本経済新聞」のコラム「記者手帳」と、同日付の「東京新聞」のコラム「記者の目」だった。

記事によると、この年のバレンタインデーである2月14日、当時の中曽根康弘首相のところに、茨城県に住む女子高校生が送ったチョコレートが宅配便で届いたそうである。赤いリボンがかけられた箱のなかには「教育改革に賛成です。テストが来るたびに暗い気持ちになります」と書かれた手紙が添えられていたという。

衆院予算委員会の審議再開の日途が立たず、イライラしていた首相も、この思わぬプレゼントに「とてもうれしい、礼状を送りたい」と笑顔でコメントしたそうだ。

しかし、関東郵政監察局からの警告書によれば、チョコレートに添えられた女子高校生の手紙は信書に当たる。これを配達した運送業者は郵便法に違反している、というのである。この場合は、依頼者である女子高校生も、運送業者とともに罰せられることになる。

たとえば、地方に住む両親が、東京で暮らしている娘に、庭でとれた柿を送った際、ダンボール箱のなかに「今年の柿は甘くておいしいから、食べなさい」といったメモ書きが入っていたらどうなるのだろうか。郵便法に従えば、これも罰せられることになる。

記者手帳

教育改革を思いチョコレート

▽…バレンタインデーの十四日、中曽根首相のところへ茨城県の女子高校生からチョコレートが宅配便で届いた。十五秒角の箱に赤いリボンがかけられ、中には便せん四枚に「教育改革に賛成です。テストがくるたびに暗い気持ちになります」と書いた手紙も添えられていた。午前中、衆院予算委員会の審議再開のメドも立たず、いらいらしていた首相も思わぬプレゼントに「とてもうれしい。礼状を送りたい」とニコニコ顔。審議再開が決まって首相官邸から国会へ向かう途中でも「（教育改革を求める）高校生の心が身にしみるよ」と、教育改革の必要性もちゃっかりPRしていた。

▽…この日自民党の江藤国会対策委員長が国会内の民社党控室に西田国対副委員長を訪ね、「おめでとう」と言いながら大きいケーキを手渡した。一瞬キョトンとした西田氏は自分の誕生祝いと気付いて「これはどうもありがとう」とお礼を言ったものの、照れるばかり。江藤氏は「あなたもどうせ誕生日を忘れてたんでしょうが、こちらは野党の国対関係者の誕生日は全部調べているんだから……」と得意満面だったが、このプレゼント作戦、果たして今後の国会対策で効果を発揮するか。

▽…総選挙後の新メンバーによる公明、民社両党の国会対策協議会がこの日初めて国会内で開かれた。冒頭、大久保公明党国対委員長が「うちは歌のうまいのを集めました」と紹介すると、すかさず永末民社党国対委員長らが「大久保さんがお上手で率先して歌っておられるから」とか「お父さんが作曲家（故大久保徳二郎氏）だから筋がいい」と持ち上げた。大久保氏が「私はだめですよ」と言っても「あれでだめなら我々は歌えない」など民社党側のゴマすり？はエスカレートするばかり。会談後の記者会見で大久保氏が佐々木民社党委員長の政策協議の場の設置提案以来、民社側に抱いていた不信感について「一件落着です」とわざわざ信頼回復宣言したあたり、民社側の作戦勝ちでは。

1984年2月15日付「日本経済新聞」のコラム「記者手帳」。

いっせいに送られてきた営業所宛ての警告書

実は、この年には、郵政省からたくさんの警告書が発せられた。本社宛てもあれば、現場の営業所に直接、届いたものもあった。

1984年(昭和59年)6月に東海郵政監察局津支局長から、ヤマトの津営業所長宛てに届いた警告書は、次のとおりだった。

……貴営業所が、昭和59年1月5日ごろ、三重県生活環境部交通安全課から運送を依頼された、(中略)東海郵政局人事部保険課あての書類の中に、郵便法でいう信書に該当する文書が同封されていることが判明しました。

御承知のことと存じますが、郵便事業は、国の独占となっているものでありまして……

これは、ヤマトの津営業所が、三重県交通対策協議会の会長名で東海郵政局長宛てに交通安全ポスターを送ったときのことである。品名はポスターだが、数十枚の束の上に、「交通事故をなくすために、このポスターを貼ってください」といった趣旨のメモが挟み込まれていた。

警告書は、このメモは信書にあたる、信書を運んだヤマトは法律違反であるというものだった。このため、ヤマトの津営業所長は、「今後は注意します」という謝罪文を東海郵政監察局に提出した。

このころに送られてきた警告書はこれだけではない。半年くらいのあいだに、関東、近畿、東海といった主要な地区の監察局長から、あたかも申し合わせたかのように、それぞれの現場に送られてきた。

あまりにもこうしたことが多発したので、「警告書が来たら、すべて俺のところに持ってこい。まとめて監察局長とやり合うから」と指令を出したが、その横暴さにあきれ果てていた。

「郵便法に違反することは認めないぞ」といった主張で運送業者を抑え込もうとする。そんな郵政省の姿勢に、小倉社長と私はふたりで頭をカリカリさせていた。

郵便法について監察局と争う

郵政省による信書摘発が頻発したので、その対抗手段をとらざるをえなくなった。宅急便の死命を制しかねない問題だったので、小倉社長とじっくり議論したが、結論は簡単だった。正面突破で戦うしかないということだった。

「本省の郵務局長はよく知っています。監察局長との面識はありませんが、郵便法と信書の摘発問題で始末書をとられた営業所と、内容書類はすべて集めてあります。僕が行ってきますよ」

私がこう言うと、小倉社長は笑いながら激励してくれた。

「君も忙しいから、2、3日、郵便法違反の罪で、ブタバコに入って休んでこいよ」

当時の私は54歳、まだまだ怖いもの知らずだった。霞が関にある郵政省の郵務局長室では、局長を前に強く抗議した。

「地方の監察局長から、ヤマトの営業所に、郵便法違反の警告書が相次いで届いている。営業所長が呼び出されて、謝罪文を書かされているが、こうした脅しは行き過ぎではないか」

しばらく話し合いをしたが、郵便法に沿って事業を営んでほしいの一点張りで、結論は出なかった。

大手町にある関東郵政監察局にも行った。

監察局長に会うべく面会を申し入れたが、しばらく待たされた後、「局長は不在です」と受付で言われた。アポイントをとっていなかったので、やむをえないことだったが、局長の代わりに部長が出てきた。

私は、面会に来た理由を説明して回答を求めたが、やはりというか、ここでも、国が定めた郵便法の解釈は絶対であるとの一点張りだった。

「では、お客さまが宅急便の荷物のなかにメモや手紙を入れてしまった場合、それを運んだヤマトが郵便法違反をしているのであれば、ヤマトの代表取締役である私を告訴してほしい。信書の解釈については、１９０４年（明治37年）の大審院判決以来、判例がないので、公の場で争って決着をつけたい」

最後にこう伝えたが、その後、何も言ってこなかった。

香典返しの礼状も信書ではないか

もうひとつ、わかりやすい例がある。

香典返しである。香典返しには必ず、印刷された礼状が入っている。

これは、常識であり、礼儀でもある。しかし、郵便法に則って考えれば、この礼状も信書ではないだろうか。もしそうなら、信書違反が慣習化してしまっていることになる。

当時、納得できなかったので、郵務局長に直接、尋ねたことがある。

「香典返しのなかに、印刷された礼状が入っていますが、あれは郵便法違反ではないんですか」

「郵便法違反です」

すぐに答えが返ってきた。

「では、礼状を送りたいときには、どうすればよいのでしょうか。お返しの物とは別に、80円切手を貼って手紙を出すんですか」

こう尋ねると次のような答えが返ってきた。

「当然です」

郵政省の職員は皆、そうしているのだろうか。

実は、警告書が頻発する事態に抗議するために関東郵政監察局に行ったときにも、局長の代わりに出てきた部長に、私は同じ質問をしたが、そのときの答えも同じだった。

お客さまの立場に立ってサービスを進化させる

かつては、国が独占して郵便や小包を全国くまなく配達せざるをえなかった時代もあった。全国配達を行うには、ネットワークがなくてはならない。そのためには、ヒト、モノ、カネが必要となるが、民間にはかぎりがある。

しかし、時代は変わった。かつてのような「民間ができないから、国が行う」という話はもう昔話になってしまった。

日本郵便とヤマトのネットワークを比較してみよう。

日本郵便が全国に約2600の集配センターを持つ（郵便事業会社第6期事業計画より）のに対し、ヤマトの拠点は、すでに全国で約4000カ所ある。日本の過疎地といわれる地域や島々にも配達できるネットワークが、すでにできあがっている。

たとえば、北海道の最北端に位置する礼文島や利尻島、沖縄諸島のさらに南にある宮古諸島や石垣島にも、ヤマトの直営店があるか、あるいは、集荷や配達をするネットワークができている。最後まで残ったのが、東京都なのに意外と難しかった伊豆諸島の大島、神津島、三宅島、御蔵島、八丈島、そして、小笠原諸島の父島、母島だった。

また、ヤマトでは、労使で話し合い、週5勤2休体制を原則に365日、窓口を開けている。

さらに、日本郵便が全国に郵便ポストを持つのに対し、ヤマトには約24万6000店の取扱店がある。くわしくは後で述べるが、スキー宅急便、ゴルフ宅急便、空港宅急便などといった新しいサービスを開発し、お客さまの利便性を高めるとともに、宅急便の取扱個数を増やしてきた。

振り返れば、「電話1本で集荷、全国翌日配達」といった、いまでは当たり前になったサービスも、宅急便誕生とともに生まれた新しいサービスだった。

全国ネットワークをつくり上げるまでは苦労の連続だったが、おかげさまでそれも完成し、いまでは、関連会社も含めたグループ全体で約18万人という雇用を生み出すことができた（2012年）。もし宅急便が生まれなければ、こうした雇用も生まれなかっただろう。

フェアな競争のもと、お客さまの立場に立って新しいサービスを開発し、実現する努力を惜しまないことは、健全な社会の成長において欠かせないものである。

［第4章］

運輸省の厚い壁を打ち破る

全国ネットワークへの挑戦

家庭から出される個人の荷物を宅急便で取り扱うことができるようにするには、全国ネットワークを持たなければならない。地域によって集配できたりできなかったりすれば、お客さまも混乱する。

しかし、監督官庁である運輸省との全国免許取得をめぐる争いは、運輸大臣を告訴するまでの激烈さをきわめた。1976年（昭和51年）に宅急便を開始してから15年かけて、ようやく47都道府県の免許を取得した。

この15年という期間が短かったのか長かったのかは、前例がないのでわからない。だが、私にとっては「時間がかかりすぎた」というのが実感である。

運輸省には、宅配便という新規事業の意味をもっと早く理解してほしかった。宅急便が取り扱おうとしているのは、家庭から出される個人の荷物であり、路線業者が扱う商業貨物とは違うということを理解してもらえず、ヤマトが申請した路線免許はなかなか認められなかった。

ヤマトは「運輸省なんかないほうがいい」と公言し、物議を醸した。免許を申請しても一向に進展しない現状に対し、業を煮やして行政当局や業界に波紋を起こす事件を次々と発生させた。

一方、九州や四国、北陸など、免許を取得するのに時間がかかりそうな地域については、それまでのつなぎとして、すでに地元で運送免許を持つ路線業者と提携したり、路線営業権を買収したりしてサービスエリアの拡大をはかった。

こうして、宅急便が損益分岐点を超える80年度を前に、人口比で全国の74・8％をカバーするまでにサービスエリアを拡大した。これは、当初立案したサービス区域をはるかに超える拡張ぶりだった。

しかし、「翌日配達」を旗印にする宅急便の利便性を知った利用者からは、「儲かる地域でしか営業をしないのか」と言われた。たしかに、同時点のサービスエリアを面積比で見れば全国の27・4％にすぎない。傍からすれば「いいとこどり」をしているようにも見える。

宅急便の将来を見据えた場合、このことは決して放置できる問題ではなかった。不完全なネットワークのままでは、宅急便の価値が半減する。肝心の「密度」も、すぐに限界に突き当たることが目に見えていた。

80年初頭、ヤマトは過疎地への積極的な拡大方針を決定し、宅急便の全国ネットワーク化を宣言した。81年から始まった「ダントツ3カ年計画」がそれである。

ダントツ3カ年計画で路線免許の壁を打ち破れ

「ダントツ3カ年計画」は、許認可の権限を持つ運輸省への戦闘宣言でもあった。

そもそも、当時のトラック運送事業を規制していた「道路運送法」という法律自体がおかしかった。路線トラックも、乗り合いバスと同様に、走る道路ごとに路線免許をとらなくてはならない。

しかし、路線トラックであれば、バスと違って停留所は必要ない。どこをどう通ろうが、集荷と配送を滞りなく行うことができれば、利用者の不利益にはならないはずである。むしろ、荷物を預かっている以上、全国どこへでも届けなければならない。

そのため、仕方なく、区域積み合わせ免許の利用や、連絡運輸を利用した軽車両配送といった「落下傘」作戦でサービスエリアの拡大をはかっていった。

区域積み合わせ免許とは、行政区域（都道府県）単位に免許が与えられる区域免許のうち、特別に運輸大臣の免許を得て、複数荷主の貨物積み合わせが許される免許である。これを活用すれば、路線としてのネットワーク化はままならないが、同一都道府県内でサービスエリア拡大をはかることができる。

また、連絡運輸利用の軽車両配送というのは、幹線部分を、路線免許を取得している同業者に依存しながら、免許不要の軽トラックを活用して集配送を行おうというものである。

しかし、いずれも応急処置である。輸送効率を高め、サービス面や安全面で万全を期すためには、全国津々浦々に自前のネットワークを張りめぐらせるしかない。

そのため、ダントツ3カ年計画のスタートと前後して、運輸大臣の認可が必要な100キロメートル以上の路線免許申請を立て続けに提出した。

買収による路線営業権の取得

路線免許を申請しても一向に進展しない現状に対し、それと並行して、同業者や同業者が持つ路線営業権の買収も行った。大東通運（東京―山形）、利根貨物（東京―長岡）に続いて、富士運送、芸備自動車、北陸定期運輸、秋田運送、大阪北合同運送が持つ路線営業権を取得した。

富士運送は、1950年（昭和25年）創立の鹿児島に本社を持つ中堅路線会社だったが、経営不振が続いていた。73年以来、業務提携を結んで南九州向けの路線貨物を依頼していた関係にあったが、先方からの申し入れにより、株式を取得して経営参加することにした。

田中秀雄取締役九州支社長が社長に就任し、開発が遅れていた南九州地区のネットワークの整備が進められた。

芸備自動車は、48年創業の広島県三次市に本社を置く有力企業だったが、富士運送と同様、第2次オイルショック後の不況で経営が悪化していた。このため、親会社である西鉄運輸の申し出により、ヤマトが経営を引き受けることになった。

村田三郎取締役中国支社長が社長を兼務した。広島県から山陰地区を結ぶ路線網を持っていたので、開発が遅れていた山陰地区の大部分をカバーすることができた。

北陸定期運輸（金沢―七尾）、秋田運送（秋田―大館）、大阪北合同運送（大阪―舞鶴）については、いずれも路線事業のみの営業権譲渡を受けた。

九州地区のうち長崎県と佐賀県は、宅急便を開始する前の71年、島原鉄道から貨物部門譲渡の申し出があり、従業員とともにこれを譲り受けていたため、免許を取得することができた。同社が持つ、九州―大阪間の営業権のほか、島原や長崎、諫早、佐世保、佐賀、尼崎の各拠点を整備して営業を開始した。

進まない主要路線免許の取得

路線免許を申請してもなかなか認可されない理由は、地元業者による反対と、それを根拠とする運輸省の「審議サボタージュ」にあった。

当時はまだ、宅急便がいかなるものかを理解していない運送業者も多かった。ヤマトは、家庭から出される個人の荷物を対象とする宅配のネットワーク化のために路線免許を申請しているのに、そうは受け取ってくれない。地元の運送業者は、自分たちが扱っている商業貨物まで奪うつもりではないかと考え、反対していた。

運輸省は「地元業者の話を聞け」と言うが、出かけていって説明しても、疑心暗鬼になっているから反対される。すると今度は、それを根拠に、運輸省が「地元業者が反対なら、路線免許は認められない。地元業者が反対を取り下げれば、いつでも免許を認める」と言う。本来なら、宅急便が従来の路線事業と異なることを地元業者に説明すべきなのに、まったく動いてくれなかった。

運輸省からは、「都築さんが、反対している業者と折衝して、了解を取り付けてくれるなら、運輸省としても考えますよ」と言われた。

相手がそう簡単に了解してくれるとは思わなかったが、申請した以上、筋を通したほうが、運輸省も免許を出しやすいだろうと思い、無理を承知で理解を求めるために出かけることにした。

訪問先は3社に絞り込んだ。まずは中国地方の業界のドンだった福山通運を訪ねたが、渋谷昇社長は、私が訪ねてきた理由を知っていたようだった。

「俺は反対する。ヤマトの中国地方への免許申請は絶対認めない」とけんもほろろに断られた。

福山通運が好業績で、トップクラスと呼ばれていたときである。ヤマトは東海道の路線免許の取得に遅れ、宅急便事業に転じて全精力を賭けざるをえない状況だったので、引き下がらざるをえなかった。力の差をいやというほど見せつけられた。

次に訪ねたのは、新潟運輸の佐藤斎社長だった。

「長岡から新潟への路線延長申請を運輸省に提出しますが、免許を取得できても、路線貨物は取り扱いません。ヤマトは、家庭から出てくる1個口の取り扱いに徹していくので、路線業者の仕事とは競合しません」

以前から懇意だった佐藤社長に説明すると、

「ヤマトの宅急便は、運送業界の発明だよね」と明るく言われた。

佐藤社長らしいというか、結局、いいとも駄目とも言わず、雑談で終えられてしまった。

3番目に了解を求めたのは、同じ新潟の中越運送の中山修社長だった。

もともとヤマトは新潟県に免許がなかったので、中越運送と連絡運輸で提携を結び、新潟県の配達をお願いするなど懇意にしていた。また、すでに利根貨物から東京—長岡間の路線営業権を買収していたので、長岡—新潟間の路線延長を運輸省に申請したいと考えていることを伝えた。

「新潟県は、これまでどおりヤマトさんと連絡運輸でやればいい。新潟までの路線延長申請はしなくていいのではないか」

これもまた、やんわりと断られた。

後日、運輸省に3社との折衝の経過を報告したら、「業界が反対するから、免許を出せないんだ」と強く言われた。

「個人から出てくるひとつひとつの小さな荷物が大口の路線貨物と混在したら、作業や輸送が混乱して事故が起こるし、サービスも低下します。ヤマトは、大口の商業貨物を取り扱わないので、路線業者との競争状態にはなりません」

こうしたことをいくら言っても、わかってもらえなかった。運輸省が宅急便を理解できなければ、一般の路線業者が理解できるわけがないと思った。しかし、あきらめず運輸省と折衝して、やっと1980年（昭和55年）に長岡―新潟間の免許がとれた。

小倉社長の運輸省無用論

1982年（昭和57年）ごろになると小倉さんが、また、公然と「運輸省無用論」を唱えるようになった。

このため、免許の問題でたびたび運輸省に出入りしていた私に対して、運輸省から「出入り禁止」が申し入れられた。

免許の問題だから、運輸省と喧嘩して感情的になるより、もっと要領よく目的を達成したほうがよいという意見もあった。よくある手は、運輸省から局長あるいは部長クラスの人にヤマトに天下ってもらい、免許促進の担当になってもらう方法である。そのほうが利口だという考えもあった。

しかし、小倉さんの役所嫌いは有名である。ついに、運輸省からは、ひとりもヤマトに天下ってこなかった。もっともヤマトから一度も声をかけたことがなかったから、来るはずもなかった。おかげで、運輸省との免許問題の折衝は、私ひとりで行わざるをえなかった。

業界紙の記者から「都築さん。また、免許のことで来ているの」と言われるほど、しょっちゅう運輸省に出入りしていた。

「都築さん、壁に貼ってある、ヤマトさん出入り禁止の紙を見なかった」

「そんなの、貼ってなかったよ」

担当係員とこんな冗談を言い合うこともあった。

地元業者が反対を取り下げる——山梨県の免許申請

首都圏に隣接する山梨県は、免許も営業所もなく、集配車も1台も走っていない、宅急便の空白県だった。そのため、宅急便を開始して5年ほど経ち、だんだんと荷物が増えてくると、お客さまからの不満も増えていった。

「山梨県に翌日配達してほしいのに、なぜやらないのか」

お客さまからすれば、道路があるのに（免許がなくて）走れないことが理解できない。

ヤマトは１９８０年（昭和55年）より、八王子から山梨県までの路線延長を申請していたが、地元の13業者がこぞって反対していたため、運輸省は首を縦に振ろうとしなかった。

地元業者からの反対理由は、「ヤマトに免許を与えると貨物をとられ、経営を脅かされる」というものだった。こうした訴えを受けていた運輸省は、業者間の自主的な調整を建前としていたため、結論を出さなかった。

私は、地元の業者に集まってもらうよう山梨県トラック協会にお願いして、10回ほど説明に行った。82年も、この件で運輸大臣宛てに早期処理を求める要望書を出す一方、山梨に足を運んだ。

疑心暗鬼に話を聞いている同業者たちに対して私は説明した。

「まだ、宅急便を開始してから間もないので理解していただけないかもしれませんが、ヤマトは今後、商業貨物を扱いません。その証拠に、松下電器をはじめとする商業貨物の取引を辞退して、家庭から出される小口荷物に切り替えています。家庭から出される荷物は過疎地に配達されるものも多く、また郡部から出荷されるものもあります。ですので、皆さんとは競合しません。

ヤマトはこれから郵便局と競争するのです。宅急便が利用できるようになったら、必ず県民の皆さんのお役に立つはずです。どうか反対を取り下げてください」

その後も何度か山梨に行くと、気心も通じるようになり、反対していた同業者からも理解が得られはじめた。

「ヤマトは一般の個人を相手に商売するのだから、反対するのはやめよう」

ついに、山梨県に路線免許を持つ12社が、反対の旗を下ろしてくれた。83年5月、それまで東京陸運局の聴聞会で反対意見を述べていた各社が、一転して反対意見を取り下げると陸運局へ届け出てくれたのだ。これは、きわめて異例のことだった。

主に2つの理由だった。

ひとつは、宅急便の集配で、ヤマトと地元業者とが一部協力し合うよう合意したことである。ヤマトがまったく進出していない山梨県にも、宅急便の旗は立っていた。山梨県での配達はしていないが、地元業者のなかには、ヤマトと協力して宅急便の荷物を集めてくれていた運送会社もあった。

もうひとつは、ヤマトが甲府に営業所を新設し、軽車両で配達を始める体制をとったことである。軽車両による運送事業は、一般のトラック輸送と違って、運輸省の免許を必要としない。ヤマトのように運送会社としての実績があり、要件を備えた企業であれば、陸運事務所に届け出るだけで簡単に営業することができた。

しかし、各社が反対を取り下げるなか、松本市に本社を置く信州名鉄運輸だけは、長野県ですでに宅配をやっていたため、競合するという理由から反対の旗を下ろしてくれなかった。

そのため、83年9月、運輸省は本事案を運輸審議会に諮問、翌84年1月に公聴会を開くことになった。

信州名鉄を除く12社が反対の旗を下ろしてくれたことが、公聴会開催のきっかけとなった。これも、路線貨物と宅配荷物の違いを理解してくれたからである。努力したかいがあったとうれしかったことを覚えている。

業界を揺るがした公聴会

1984年（昭和59年）1月、11年ぶりといわれた路線免許をめぐる公聴会が運輸省の大会議室で開催された。

運輸審議会委員（以下、運審委員）をはじめ、運輸省の役人、マスコミ、同業の運送業者などが顔をそろえた。久しぶりに行われる公聴会は、「宅配便戦争」を象徴する1対1の闘いということもあって、テレビカメラが入るなど、広い大会議室は満杯だった。

集まったのは、200人くらいだったと思う。そのなかで、いちばん緊張していたのは、私だったのではないだろうか。人前で自分の意見を言うのは平気なほうだと思っていたが、このときばかりは、落ち着いて答えるよう自分に言い聞かせた。

公聴会が始まると、まずは、ヤマトから路線延長の申請理由が、信州名鉄から反対理由が公述された。ヤマトの路線延長の申請は、東京都八王子市から、山梨県大月市、甲府市、長野県茅野市、諏訪市、岡谷市を経由して塩尻市までの国道20号線で、距離にして175・8キロメートルだった。

ヤマトの公述人には小倉社長があたり、次のようなことを述べた。

「ヤマトの路線免許延長申請の目的は、市民や生活者の荷物を輸送するためであり、業界と競合する商業貨物を取り扱うことは考えていません。76年に始めて以来、宅急便は市民生活に定着しつつあり、毎年増加しています。しかし、山梨県や長野県には免許がないため、連絡運輸で同業者に配達を依頼しています。ご承知のように宅急便は、翌日配達のサービスを目指していますが、残念ながら過疎地といわれている郡部では翌日配達ができておりません。生活者の皆さんからも、なぜ山梨県や長野県は郡部を含めて翌日配達ができないのかと苦情を受けております。したがって、1日も早く本申請が免許されるようお願いいたします」

反対する公述人は、信州名鉄運輸の村上光男社長だった。

国道20号線（八王子―塩尻間）路線免許申請の公聴会。右手前の机に座る小倉社長（左）と私。1984年１月18日。

村上社長の主張は、信州名鉄がすでに地元で宅配を始めているので、ヤマトが免許をとって進出してくる必要性がないこと、昔から信州名鉄とヤマトは連絡運輸をしているので今後も配達も任せてくれればよいということ、ヤマトの進出で競合者が増えると輸送秩序が乱れる原因になることを述べた。長野県には、業者を増やすほどの需要はないということだった。

宅急便事業の理解を得る

両社長の公述は、運審委員からの難しい質問もなく、申請書を読み上げるかたちで行われた。続いて、一般公述人であるエヌジーシーの倉館正さん、松本青果商業組合の伊藤宗さんが免許賛成の意を述べた。

しかし、その後、ヤマトと信州名鉄とのあいだで行われた相互査問では、2時間近くにわたる激しい応酬が繰り返された。申請者側は私、信州名鉄は山上昭彦専務が、公述書の内容について運審委員からの質問を受けた。運審委員からの質問は、申請者側である私に集中した。信州名鉄からも、答えに窮するような質問の集中砲火を浴びせられた。

私にとっては初めての公聴会で、リハーサルなしの、ぶっつけ本番である。道路運送法に関する質問や、営業所を設置するための認可申請の予定、すでに軽車両届けで営業していることが違反とならないかなど法解釈や運用に対する質問が多かったので、間違いのないように答えることだけに神経を集中させた。もし私が答弁でヘマをしたら負けてしまうかもしれない。

そのうえで、宅急便の将来のために言っておかなければならないことだけを述べるようにしたが、質問を受けてから席を立つまでの5秒くらいで、どう答えるべきかを判断して、満座のなかで意見を言うのはたいへんだった。公聴会は無事に終了したが、身の細る思いだった。

公聴会では、業界の実態と制度のズレがきわめて大きいことが表面化した。

こうして、1984年（昭和59年）5月25日、運輸省は、運輸審議会の答申にもとづいてヤマトに免許を与えた。また、取扱店設置に関する規制緩和が、この公聴会での論議をもとに行われることになった。

「宅急便という事業が、従来の路線事業と異なり、制度や運賃の面でも、路線貨物と同様に扱うことは適切でない」と公式に認知される転換点となったのが、この公聴会だった。

路線延長を申請してから長い年月を要したが、ついに免許を取得し、甲府支店を開設することができた。

開所式は、オープン当日の8月1日、東京行きの第1便が出る午後5時に合わせて、4時半から行った。本社からは私が、労組からは粟飯原委員長が、その他、関東支社、北信越支社管下の主管支店長、労組関係者など多数が出席して開所を祝った。

山梨路線の開通式。左から2人目が私。1984年8月1日。

この日は、待ってましたとばかり、約750個の荷物が集まった。宣伝効果もあってか問い合わせの電話も多数入り、一時はパンク寸前になった。荷物を持ち込むお客さまも多数見え、運行車は16本のロールボックスパレット（宅急便の荷物が30〜50個くらい入るキャスター付きのかご）を積んで発車した。季節もののモモやブドウといった果物が多かった。

記録によると、東京から甲府に到着した個人向けの荷物は1060個だった。宅急便を始めたとき、初日に集まった荷物はたった11個だったが、その後、宅急便も着実に生活者のなかに根づいてきたなと感慨深かった。

こうして、国道20号線の山梨路線は解決したが、だからといって運輸省が他の主要路線もすんなり認めてくれるわけではなかった。北東北路線をめぐって小倉社長の堪忍袋の緒が切れるのは、山梨路線が認可された約1年半後の85年12月のことである。

運輸大臣宛てに異議申し立て

ヤマトでは、宅急便開始前から、東京—仙台間の国道4号線の路線免許は持っていたが、その先の岩手県、青森県の免許がないため、サービスを東北全域に広げることができずにいた。

青森や岩手といえば、昔から多くの季節労働者が東京に赴く土地柄だった。故郷との交流に宅急便が大いに役立つことは十分に予測されたが、1981年(昭和56年)11月に免許申請した北東北路線(仙台—青森、北上—青森)は、青森県の地元運送業者が反対していることを理由に、4年間、放置されたままだった。

この間、私も何度も運輸省に足を運び、早期に処理するよう折衝していた。85年12月、頭にきていた小倉社長は、運輸大臣に対して行政不服審査法にもとづき、早期処分をするよう異議の申し立てを行った。

これに対し、運輸省からは、慎重に審査をしているところなので、異議申し立ての申請をいったん取り下げ、現状を踏まえて再申請するようにという返事が戻ってきた。

しかし、小倉社長は、いったん言い出したことは引かない人である。取り下げを断ったが、その後、当局からは何の返答もなかった。

そこで、86年8月、行政事件訴訟法にもとづいて、当時の橋本龍太郎運輸大臣を相手取り、東京地裁に「不作為の違法確認の訴え」を起こした。法廷の場で、当局の考え方を聞くことにしたのだ。監督官庁を相手取って訴訟を起こすのは、前代未聞の出来事だった。

私が、運輸省の自動車局に顔を出すと、局の面々は相当、感情的になっていた。

「まあ、まあ、そんなに怒りなさんな、審査があんまり遅すぎるから、こっちもカリカリしているんだ」

訳のわからないことを言って、その場を収めた。

免許行政の転換点

この訴訟を背景に、北東北路線に関係する運輸審議会の公聴会が開催された。1986年（昭和61年）10月23日のことである。

青森県トラック協会は一般公述人の立場から、ヤマトの参入は青森県のトラック業者にとって死活問題であると反対した。相互査問では、ヤマト側からは小倉社長と宮内宏二常務がこれにあたった。

私は、この公聴会に出席できなかった。ちょうど同じ時期にワシントンで行われたアメリカ運輸省の公聴会に証人として出席を要請され、出張していたのである。アメリカでの公聴会を目にして、日本の公聴会との違いに驚いた。

私が証人として呼ばれたのは、UPSとフェデラル・エクスプレス（現フェデックス・コーポレーション）の日本乗り入れについて争われた公聴会だった。大きな航空貨物輸送会社同士の争いとして、全米で関心が持たれていた。

日本の公聴会では数人の運審委員によって判決が決まるが、アメリカでは判事ひとりである。

日本らしいといえばそのとおりだが、日本の公聴会では判決者が複数いるため、誰が賛成し誰が反対したのかわからない。しかし、アメリカでは判事がひとりなので、はっきりしている。

審理の進め方も違っていた。日本では、運審委員と利害関係者（20号線の公聴会ではヤマトと信州名鉄）が火花を散らすが、アメリカでは、利害関係者と運輸省から依頼された弁護士同士が議論する。肝心の利害関係者は、判事や相手方の弁護士から指名され、意見を求められたときにのみ、証言する。アメリカは弁護士社会だと聞いていたが、そのとおりだった。

日本では考えられないことだが、上院議員や下院議員、知事なども参考人として出てきて「こちらの会社に免許を出せ」と堂々と発言しているのには驚いた。政治家が公聴会に出てきて意見を言うなど、日本では考えられないことである。

また、日本では1日で済むが、アメリカでは事案によって3カ月ぐらい継続審議することもあるようだ。後で聞いた話だが、この事案も3カ月近くかかったという。

ワシントンに足止めされていた私も、いつ証言を求められるのかわからないので、早くしてほしいと頼んだところ、やっと5日目の夜に順番がまわってきた。

証言する際には、まず、判事の脇に置いてある星条旗の前で手を挙げて宣誓する。やってみると、嘘はつきにくいものである。その日の公聴会が終了したのは、21時だった。

この公聴会は、私がヤマトを代表してＵＰＳ側の証言をしたが、軍配はフェデラル側に上がったようだ。

さて、北東北の路線問題は、86年12月2日の運輸審議会で免許を適当とする答申が行われ、運輸大臣は即日、答申どおりに認可した。

ちなみに、行政訴訟直後の9月、運輸省が「業者間の調整がつけば免許、つかなければ却下という考えは間違い」とする考えを表明して業界を驚かせた。これまで、反対業者がいない場合にのみ免許を与えてきたが、たとえ反対があっても、審査基準に照らして認可する方針を明らかにしたのだ。これは、免許行政の歴史的な大転換を示す出来事だった。

九州3号線は申請6年目の公聴会で解決

1980年（昭和55年）12月15日に申請した国道3号線（大宰府—熊本—鹿児島）に関する運輸審議会の公聴会は、申請後、実に6年が経過した86年12月11日に開催された。

この公聴会も、北東北路線問題と同様、行政訴訟を背景に開催されたが、このときは、他社の事案と一括して審議されたこともあって、小倉社長の冒頭陳述に続く相互査問では、ヤマトに対する利害関係者からの質問がほとんど行われなかった。

運輸審議会の答申は87年1月29日に行われ、3号線は免許を取得することができた。

長かった九州の路線問題も、こうして解決を見た。

伊豆半島の一社独占を打ち破る

三島—下田間の路線免許では、中部陸運局と激しいやりとりをした。

それまで静岡県の伊豆地区の輸送は、長いあいだ、伊豆貨物急送（現日本貨物急送）との連絡運輸でサービスを行ってきたが、取扱量が増えたり、「ゴルフ宅急便」などの新しいサービスを始めたりしたことで連絡運輸では円滑な対応が難しくなってきていた。特に情報面で問題が生じやすく、顧客からのクレームが多発した。

そこで、サービスの不備を補うために、1982年（昭和57年）6月、修善寺に軽車両による営業所を設置、翌83年には下田にも同様の営業所の設置を計画して、下田までの本線運行を伊豆貨物に依頼したが、同社からの協力は得られなかった。このため、やむをえず、84年11月、下田に軽車両による営業所を開設して広域集配を開始した。

85年3月には、運輸省に対して三島—下田間の路線免許を申請したが、伊豆貨物からの反対で、申請後2年6カ月を経過しても中部陸運局からは何の処分もなかった。これは、「2年以内に処分する」という本省の方針に反するものだった。そのため、87年9月7日、運輸大臣宛てに行政不服審査法にもとづく「審査請求書」を提出して、すみやかな免許を要請した。

これに対して、同月26日、中部陸運局長より運輸大臣を経由して弁明書が送付された。11月20日、ヤマトは再び前記弁明書に対する反論書を提出したが、これを受けた陸運局が再弁明書を送付するなど、激しいやりとりが続いた。

当時、伊豆半島には20前後のゴルフ場があったが、ヤマトには伊豆半島の路線免許がなかったため、ゴルフ宅急便の配達は伊豆貨物との連絡運輸に委託せざるをえず、荷物の到着が遅れるなどの不評も多かった。やむなく、三島の営業所から伊豆半島の全域を配達したこともあったが、季節によっては道路が混雑するため、指定された時間に間に合わないこともあった。

私は、免許を促すため、名古屋の中部陸運局に何度も赴き、話し合いをしたが、一向に進展しない。一度だけだが、自動車部長との話し合いの最中に握りこぶしで数回、机を叩いて怒ってしまったことがあった。申し訳ないことをしたと反省している。

だが、87年12月16日、ようやく免許が下りた。これにより、長いあいだ続いた独占地域に競争原理が導入されることとなった。

北海道一円のネットワークの完成

1989年（平成元年）9月には、極寒の大地、北海道一円の路線免許が下りた。当初から、北海道での宅急便サービスの開発も考えていたが、さまざまな案件を多数抱えており、免許申請どころではなかった。そこで、現地の情勢を調査するために栗原尚くんを派遣し、札幌に拠点を置いた。

北海道は、東北6県の1・25倍の広さがあり、ひとりで赴任した栗原くんは相当悩んだ様子だった。残念ながら大病を患い亡くなってしまったが、同地区の礎を築いてくれた栗原くんには感謝している。

急遽、2人目の責任者として、碇承三くん（後に取締役）を派遣した。北海道内には路線免許がないので、函館運送をはじめとする有力な路線トラック会社と連絡運輸を結び、配達可能なエリアを拡大した。私も何度か、連絡運輸の締結のために現地に赴いた。

また、路線免許を取得するまでのつなぎとして、免許取得が不要な軽トラックによる集配を行うために、直営の営業所を各地に新設して営業エリアの拡大をはかった。だが、集配に使っていた350キログラムの軽トラックでは、地吹雪にあおられて横転することもあり、危険だった。

早く路線免許をとって積載量1トンの集配車を使用したかったが、なかなか免許は下りなかった。

その後、3代目の支社長として、阿部路男くん（後に専務取締役）が赴任した。

あるドライバーの話だが、吹雪のなか、ひととおりの配達をし終わった後で、たまたま荷台を見ると、まだ荷物が1個残っていた。北海道の日暮れは早く、疲れもたまっていた。これを配達するべきか、営業所に戻って翌日の配達にまわすか迷ったが、お客さまがこの荷物を待っているかもしれないと思い、配達を決心したという。狭い坂道は積雪で、車が滑り危険なので、背中に背負って歩いて受取人のお宅に配達をした。

すると、お客さまはその荷物を待ちわびていて、大喜びだったとのことである。

ドライバーはその様子を仲間に話し、「お客さま第一とはそういうことなんだ」ということを学んだそうである。

その後、91年には礼文島にも営業所が新設され、北海道のネットワークは完成された。

運輸省の厚い壁を打ち破る

こうして、宅急便を開始して以来、最も困難だった厚い壁を打ち破り、全国ネットワークをつくることができた。1990年（平成2年）12月には、伊豆大島や奄美大島などにも拡大し、ついに人口比99・9%、面積比99・5%をカバーするサービスエリアを確立することができた。

忘れられないのは、私が社長になった87年のときのことである。

まだ、四国4県では四国高速運輸との、福井県では福井輸送との連絡運輸が残っていた。この5県については、自分が社長を退くまでに、ヤマトが自力で免許をとって全国を集配できるまでにしたいと考えていた。

四国4県の連絡運輸をお願いしていた四国高速運輸とは長い付き合いだった。交渉は難航したが、同社の路線権を買収するとともに、宅急便に従事していた集配ドライバーを引き受けることで解決した。

福井輸送とも長い付き合いだった。社長の岡島英雄さんがわざわざヤマトの本社に見えて、小倉会長を交えて話し合いをした。

「聞くところによると、全国で福井県だけ、ヤマトさんは免許を持っていないそうですね。将来、都築さんが退かれるときの心残りになると思うので、連絡運輸を解約して、うちの路線権をヤマトさんに譲渡します」

岡島社長の申し入れに、私は感謝の気持ちでいっぱいだった。いまでも岡島社長とは、お付き合いをさせてもらっている。

放置されたPサイズ運賃の申請

さて、運輸省との争いは、路線免許だけでなかった。運賃についても、運輸省を激怒させたことがあった。「Pサイズ事件」である。

1976年（昭和51年）に宅急便を開始した当初は、1個あたり10キログラムまでの荷物を取り扱うことにしていたが、実際に宅急便を始めると、さまざまなお客さまのニーズがあることがわかった。

そこで、79年、重量制限の枠を20キログラムまで広げた。従来からある10キログラムまでを「Sサイズ」、20キログラムまでを「Mサイズ」とし、MサイズはSサイズより運賃を100円高くした。

しかし、実際には個人の荷物なので、軽量のものが多かった。そのため、82年から、「Pサイズ」と呼ぶ2キログラムまでの超軽量荷物のランクを新設し、Sサイズよりも運賃を200円安くしようとした（これと合わせて、わかりやすくするために、SとMの価格差も同じく200円にした）。

Pサイズはお客さまのニーズに適うものだという確信があった。また、安価な枠を新設して取扱量を増やし、集荷や配達の密度を高められれば、さらに1個あたりのコストを下げることができるというねらいもあった。

しかし、トラック運送業は、道路運送法によって、免許や登録、運賃などの一切が縛られている。運賃料金の改定には、運輸省の認可が必要だった。SサイズとMサイズの運賃は、認可運賃の範囲内だったので問題なかったが、新たに設けるPサイズのような、2キログラムという超軽量クラスでの運賃の刻みは存在していなかった。

もともと、商業貨物しか想定していなかったからである。当時の路線トラックの運賃表に記された貨物の最小単位は30キログラムだった。

そこで、82年2月、おおよそ2年おきに行われていた路線認可運賃の改定時、全事業者が改定路線運賃の認可申請書を提出するのに合わせて、ヤマトはこれらとは別に、宅急便専用のPサイズの運賃申請書も提出した。

しかし、同年5月、一般の路線事業者の改定路線運賃の申請は認可されたものの、ヤマト独自のPサイズの運賃だけは認可されなかった。

翌83年3月、1年あまり放置されたため、ヤマトは再び、Pサイズも加えた宅急便運賃の認可申請書を運輸省に提出した。Pサイズをめぐる運輸省との対決は、宅急便が、商業貨物を中心とする路線貨物とは異なるサービスであるということを認知してもらえるかどうかの大きな岐路でもあった。

小倉社長と秘策を練る

おそらく、また、運輸省は、Ｐサイズを加えた申請書を放置するだろうと予想していた。

そこで、認可申請書には、「実施時期を６月１日とする」と付け加えることにした。運輸省は、「認可するかどうかの権限は運輸省にあるのに、ヤマトが勝手に実施日まで決めて申請してくるとは、けしからん」と頭にきたようだった。

小倉社長は、私に言った。

「いつものことだが、どうせ運輸省は塩漬けにするだろう。運賃認可に先駆けて、全国紙に『Ｐサイズ、６月１日発売開始』の広告を出してしまおう」

１９８３年（昭和58年）５月17日、全国紙に「宅急便のＰサイズを発売します。６月１日から取扱開始予定」という１頁３段の広告を掲載した。

運輸省からの反応は何もなかった。そこで、待ってましたとばかりに次の手を打った。いずれ運輸省に呼ばれて嫌味を言われるのは、小倉社長ではなく私である。小倉社長とは、次の広告についての打ち合わせも済ませていた。

Ｐサイズ発売前日にあたる5月31日、全国紙に「Ｐサイズの発売を延期します」という広告を掲載した。内容は次のとおりである。


従来、宅急便は、Ｓサイズ（10キログラムまで）とＭサイズ（20キログラムまで）の２タイプでしたがこのたび、ご利用の皆様の便宜のために、Ｓサイズより２００円安いＰサイズ（2キログラムまで）を設け、６月１日から取扱開始を予定していました。

しかし、運輸省の認可が遅れているため、発売を延期せざるをえなくなりました。宅急便をご利用の皆様には大変ご迷惑をおかけいたします。紙上をお借りして、お詫び申し上げます。運輸省の認可が下り次第、すみやかに発売を開始いたします。


このマスコミを使った広告戦術は効果覿面《てきめん》だった。

7月6日、「宅配便の運賃は、事業者の自主判断を尊重する」という見解をまとめた運輸省は、7月27日、ついに、宅配便運賃基準は従来の路線トラック運賃から独立したものであることを認めたのである。

当時、トラック運賃については、すでに公正取引委員会が自由化を求めていた。最高運賃を設けるだけにとどめ、それ以下であれば自由に運賃を設定できるようにすべきだ、という見解を示

Ｐサイズの発売（上段）および発売延期広告（下段）。それぞれ1983年5月17日、31日に掲載。

していた。

また、マスコミも協力的だった。読売新聞は「宅配便に運賃規制は必要ない」という社説を載せていた。この社説は、消費者の視点に立った行政への転換を運輸省に迫るものだった。

しかし、小倉さんのこのアイデアがなければ、これほどまで短期間で決着はつかなかっただろう。運輸省の見解が発表された後、それまでヤマトの運賃申請に異議を唱えていた同業他社も、雪崩を打って別建て運賃の認可申請に走った。

また、Ｐサイズ発売の広告を最も脅威に感じたのは、小包を扱う郵政省だったのではないかと思う。このころにはもう宅急便は、郵便小包を大幅に上回り、路線トラック貨物の一部にカウントされるべき存在ではなくなっていた。

小倉社長は、「これで宅急便も、法的には、少し一人前になったかな」とご機嫌だった。私は折衝のため、運輸省に出向いたが、ヤマトがマスコミを使ったことで激怒していた。

［第5章］

進化する宅急便

ドライバーのアイデアから生まれたスキー宅急便

ヤマトは常に「お客さまの立場に立って考えよう」を合言葉に、お客さまに喜んでもらえるようなサービスがないか、皆で考える社風を目指そうとしている。

新しいサービスのなかには、第一線でお客さまと接する集配ドライバーたちが、自らの目や耳を、そして足を使って見つけてきたものも多い。お客さまの意見や苦情のなかから、アイデアが出てくることもある。現場長も管理者も、もちろん本社も、皆の「宅急便、一歩前へ」の気持ちを結集すれば、すごい力を発揮する。

スキー宅急便の誕生も、そうした力によるものである。

私は、若いときから「スキーに行きたい」と思ったことはなかった。その理由は、スキー板とリュックサックを持って、混んでいるスキー列車に乗って行くのがいやだったからである。自宅からスキー板とリュックサックを担いで東京駅や上野駅まで行くのもたいへんだし、列車に乗ると網棚や通路も荷物がいっぱいで、トイレに行くのもたいへんだった。自分の怠け癖もあるが、いつも、スキーヤーには感心していた。

しかし、スキーが好きな人たちは、そんなことを気にしない。毎年、たくさんのスキーヤーが雪を求めて各地のスキー場へ殺到していた。

長野支店長を務めていた越島国行くん（後に専務取締役）によると、「スキー宅急便」は、集配ドライバーたちのアイデアから生まれたものだという。

１９８３年（昭和58年）当時、長野支店は、まだ開設間もないころで、特産物のリンゴの出荷時期が過ぎて新年に入るとガタッと取扱荷物が減ってしまう。このため、「なんとか宅急便の荷物を増やさなくては」と全員で模索していると、スキーバスに目が向いたそうである。

スキーシーズンの1〜3月ともなると、長野支店が面している国道18号線は、スキーバスが行列をなして行き交う。そして、その乗客たちは、１人あたり少なくとも２つの手荷物を持ち込んでいる。スキー板とリュックサックである。

長野支店では、これを宅急便で運べないものかと考えた。集配ドライバーの地道な営業活動から得た情報がきっかけである。

「このあいだ、耳にしたんだけど、『できれば荷物を積みたくない』というのが、スキーバス会社の本音なんだそうだ。荷物を置くために、後部座席を2列ほどつぶさないと駄目なので、その分だけ非効率になるらしい。もしも宅急便が、スキーバスの乗客たちの荷物を運んだら、バス会社も喜ぶのではないだろうか」

さっそくスキー客にあたると、現地に到着したバスからホテルまで荷物を運ぶのに相当苦労していることもわかった。特に女性客は、かなり困っていた。雪が積もっていると、バスの駐車場からホテルまで、荷物をキャスターで転がすわけにもいかない。板を背負いながら、荷物を運ぶのはひと苦労だ。

だが、スキー場での運送作業は、厳しい冬山での仕事になるし、吹雪も予想される。危険が多すぎる。そもそも、「スキー板は宅急便の規格に合わない」という問題点もあった。

ところが、スキー場から自宅までの復路にのみ限定して試験的にやってみると評判がよい。集配ドライバーたちは、利用者の要望に沿うかたちで、なんとか往復ともに宅急便で送れないかと考えた。

「スキーウエアを着込み、板やリュックサックを担いでスキーに出かけるなんていうのは、もう時代遅れ。電車に乗る他の乗客にも大迷惑。これからは、スキー場まで普通の服装で、手ぶらで出かけられる時代にする」

こんなふうにライフスタイルまで変えてしまおうと現場では張り切っていた。

宅急便でライフスタイルを変える

この試験サービスの状況は、逐一、本社に報告された。

予想以上の成果が見込まれそうなので、試験エリアを山形支店や新潟支店に拡張するなど、応援態勢を整えた。現場での作業が過酷になることから、労働組合の反対も予想されたが、山男の伊野副委員長を筆頭に組合も協力を惜しまなかった。地元のホテルも応援してくれた。

こうして1983年（昭和58年）12月、全国400カ所のスキー場とスキーヤーの自宅との往復路を結ぶ新サービス「スキー宅急便」が誕生した。

開始から翌年3月までの初年度の取扱個数は25万個超と、上々な滑り出しだった。かさばる荷物を事前にヤマトに預けておけば、現地で当日、受け取ることができる。また、リフトを使わなければ行けないようなホテルにも同一料金で運んだ。

サービス開始後も、よりよいサービスを目指して「スキー会議」を開いた。都市部の支店メンバーや労組の声も糾合するなど、スキー宅急便を新たな冬の目玉商品に育て上げようとする機運が高まった。「われわれが、宅急便で日本人のライフスタイルを変えていくんだ」という気概が全社に満ち満ちていた。

週刊誌『プレイボーイ』の84年11月20日号には、巻末のグラビアページにこんな記事が載っている。

「手ぶらＳＫＩ派宣言！　クロネコヤマトの『スキー宅急便』活用術」

これを若者たちの合言葉にしてしまおうという作戦も、着々と進行しつつあった。

大豪雪で2億5000万円の大損害

スキー宅急便が誕生した翌年、1984年（昭和59年）末のクリスマスイブ、新潟県を中心に大豪雪が襲った。

スキー宅急便を載せて長岡ターミナルに向かっていたトラックは、大豪雪による渋滞で、現地にたどり着けなくなった。なんとか長岡までたどり着けたら、社員を現地に派遣して人力でカバーするといった方法もあったが、自然には抗えなかった。

東京にいた私の家の電話は、現地からの状況報告や、誰が教えたのか知らないがお客さまからの苦言で、一晩中鳴りっぱなしだった。スキーヤーにしてみれば当然である。自分たちは新幹線でとっくに長岡に着いているのに、スキー板やリュックサックがまだ着いていない。豪雪の状況は知りつつも、どうしたらいいのかという電話ばかりだった。

「トラックは積雪のため動けません。申し訳ありませんが、現地でスキー板やスキー靴などを調達できるお店があれば、借りるか購入してください。代金はすべてヤマトが負担します。もしそれができなければ、スキーをするというお客さまの目的が果たせません。その場合は、ホテル代や電車賃も、ヤマトが全額お支払いさせていただきます。それまでお立て替えください」

小倉社長と相談して対策を取り合う時間もなく、丁重にお詫びを繰り返した。

一方、社内に対しては、関東、中部、関西、東北の責任者に電話で「現地と連絡をとりながら、正月返上で応援隊を出してほしい」と指示した。人を派遣したところでどうにもならないことはわかっていたが、「手ぶらでスキー」と宣伝した以上、天災とはいえ、お客さまに迷惑をかけたことは事実である。少しでも何か役に立つことがあればと思い、動員をかけた。社員には本当に申し訳ないと思った。

1月4日、本社に出勤してから、「お客さまが言われたとおり、すべてお支払いするように」と責任者に指示した。宅急便の運賃はもとより、貸しスキーの代金や購入したスキーウエア代、さらには、交通費や宿泊費まで、迷惑をかけた方には、言われたとおりすべて支払うようにした。おかげで、本社には1件の苦情もこなかった。こういうことは年中あることではないので「授業料」だと思えばいい。そう考えた。

それにしても、スキー宅急便のサービス開始は、2年目にして約2億5000万円という高い授業料となった。

翌年には、「大雪に負けるな」と8台の雪上車を導入して、新潟と長野に4台ずつ配置した。ベテランのスキーヤーたちは雪山の比較的高いところにある民宿に宿泊するため、荷物を届けるのに、通常の集配車では危険だからである。

スキー宅急便の雪上車。

また、大豪雪に対処するため、スキー場が多い越後湯沢周辺の石打に土地を求め、スキー板などの置き場も兼ね備えた営業所をつくった。

「ヤマトさんは、昨年の大豪雪で損害を出して、たいへんな思いをされたので、これに懲りて、もうスキー宅急便はやめるのかと思っていました。しかし、それに懲りずに、スキー場の多いこの石打に営業所をつくるとは驚いた会社だ」

町長さんを営業所の開所式にお招きし、祝辞とともに万歳三唱の音頭までとっていただいた。

「昨年は、お客さまにはたいへんご迷惑をおかけしました。しかし、あの程度の豪雪には負けたくありません。ですから、昨年、基地にしていた長岡よりも、さらにスキー場に近いこの石打を選ばせていただいたのです」

私のお礼の言葉に町長さんも満足した様子だった。スキーヤーはもちろん観光業者も、用具の持ち運びに不便を感じていたため、反響は大きかった。

85年12月からは、スキー宅急便の情報システムを開発し、到着情報が各営業所で事前に確認できるようになった。さらに、88年からはシステムが改善され、荷物の保管報告がなされるなど、サービスが一段と向上した。

こうしてスキー宅急便の取扱量が増えていくとともに、スキー板を担いで列車に乗り込むスキーヤーの姿はあまり見られなくなった。

最初は受け取りを拒否されたゴルフ宅急便

スキー宅急便を商品化した翌年の1984年（昭和59年）4月初め、「ゴルフ宅急便」を正式に開始した。

実は、前年から予行練習のつもりでゴルフバッグを荷受し、指定されたゴルフ場へ配達していたが、一部のゴルフ場では受け取りを拒否されていた。

ゴルフ場の言い分にも一理あった。大きくて重いゴルフバッグは、自分の車に載せてくるか、電車に持ち込んで運ぶのが普通だった。そうした慣習が長かったため、ゴルフ場としては、「プレーヤー本人が当日来るかどうかわからないのに、本人に代わってゴルフ道具を受け取ることはできない」ということだった。もっともなことでもある。

また、自分の荷物が着いているかどうかの問い合わせや、それに答えるといった仕事も増えるだろう。

さらには、シャフトが折れている、曲がっているといったクレームが来かねない。だから、ゴルフバッグは本人が直接ゴルフ場に持ってきてほしい。ヤマトは余計なことをしないでくれ。これが、ゴルフ場の本音だった。

しかし、ゴルフ場もサービス業である。ゴルファーの立場に立って考えれば、重いバッグを自分で運ぶより、自宅からゴルフ場まで手ぶらで行けたほうが楽である。そうしたサービスがあったほうがお客さまも増えるのではないかと説明した。

だが、ゴルフ場側は、「いくつものゴルフバッグを2~3日間、保管しておく場所もない」と言い出す始末である。であれば、バッグの保管所をつくればいいのに、なぜゴルフ場はゴルファーのことをもっと考えてあげないのかと不思議に思った。

便利さがわかれば需要はある

もうひとつ問題があった。自宅からゴルフ場にバッグを運んでもらうのはいいが、帰りはどうするのかということだった。宅急便で送り返すなら、ゴルフ場で伝票を書いてもらわなければならない。すなわち、ゴルフ場に取扱店になってもらわなくてはならない。

そこで、ゴルファーやゴルフ場の手間を少しでも軽減するために、往復伝票にすることを提案した。

その後、少しずつだが、ゴルフ場にも理解されるようになった。どの商売でもそうだが、便利さがわかれば利用者は増える。初めのうちは2~3人のバッグを赤字覚悟で運んでいたが、手ぶらでゴルフに行けることがわかれば、きっと利用者が増えるだろう。女性だって気軽にゴルフに行けるようになると踏んでいた。

しかし、当初は、ヤマトもうっかりしていた。縦積みでなく横積みでバッグをトラックに積んでいたため、傷つけたり、シャフトを傷めたりして、お客さまに迷惑をかけた。そのため、ビニール製の袋カバーや、アイアン用のカバーなどを開発して、縦積みを徹底した。

また、お客さまがいちばん困るのは、当然のことだが、プレーする前日までにバッグが着いていないことである。自分の遊び道具が着かないことほど、頭にくることはない。当然、苦情はより厳しいものとなる。

こうしたことがないよう、荷物追跡情報システムを核とした全国オンライン「NEKOシステム」を稼働させた。荷物を集荷したときの送状の番号や運賃、集荷日を、さらには、荷物が営業所に届いたことを記録させることで、荷物の個数や売り上げを自動的に集計できるようになった。

利用者からの問い合わせにも、「すでに目的地に到着しています」「まだ目的地には着いていません。輸送途上です」などといった情報を即座に伝えることができるようになった。

いまでは、混んだ電車に大きなゴルフバッグを持ち込む人はあまり見かけなくなった。

なぜ成田空港に宅急便の営業所がないのか

１９８７年（昭和62年）、宅急便はかなり普及していたが、海外旅行者の玄関口である成田国際空港の構内にはヤマトの営業所がなく、宅急便の取り扱いができなかった。知人からも、なぜ成田にないのかという質問を受けることがあった。

「成田に宅急便のお店があれば、大きなキャリーバッグやお土産品を持たずに帰宅できるのに」

海外に出国するときも同様である。大きなバッグを持って自宅を出なくても、事前にヤマトが自宅から集荷して空港まで運び、空港の構内にある営業所で本人に手渡しできれば、旅行者は楽になるだろう。

私は、新東京国際空港公団の筆頭理事に会い、空港の構内で荷扱いができるよう交渉することにした。

しかし、ヤマトが営業所を設置するには構内が手狭であるということ、いずれ空港が改築されて広くなる予定なのでそのときに考えましょうという回答で、進展しなかった。

そこで、親しくお付き合いをしていた日本空港ビルデングの社長、高橋寿夫さん（元海上保安庁長官）を訪ねた。

「たしかに成田の構内施設は狭いので、難しいかもしれない。だが、すでに3社ほどの業者が入っているると思うので、そこに頼んで、場所を借りたらどうだろうか」

こんなアドバイスをしてくれたので、まずはクロネコの看板を出して、取扱所があることを示したいと思い、お願いすることにした。

さっそく成田に赴き、同業の構内業者に無理を言ってお願いし、しばらくのあいだ、狭いながらも下請けのようなかたちで場所を借りることにした。本格参入は92年の第2ターミナルビル完成を待たなければならなかったが、それを待ちきれず、89年11月から、自宅と成田を結ぶ「空港宅急便」の新サービスを開始した。

このころ、公団の筆頭理事は、かつて私が運輸省と宅急便のことで盛んに話し合いをしていたときに貨物流通局長だった中島さんに交代していた。そんなつながりがあったからか、ヤマトと公団とのあいだで汚職があったというビラがまかれ、警視庁の内偵があったらしい。もちろん、その後、何のお呼びもなかった。

「ヤマトは、金を使って出店させてもらうような、そんな馬鹿な会社ではないですよね」

中島さんとふたりで笑ったものだった。

こうして、空港宅急便が本格的にスタートした。

93年には、羽田国際空港の第1ターミナルビルでも空港宅急便を始めた。このときも申し込みが多かったが、会長になられていた高橋さんはこう言ってくれた。

「宅急便は、すでに社会で多くの人たちから認知されています。お客さまに目立つ場所を選んでいいですよ。皆さんが便利になることだから」

これを機に多くの空港で宅急便の取扱所が設置されるようになった。

クール食品を送れなければ欠陥宅急便

1983年（昭和58年）のスキー宅急便、84年のゴルフ宅急便に続き、85年からは「クール宅急便」の研究も始めていた。

このころの私の最大の仕事は、免許がないために宅急便を利用できない「空白地域」をどうやってなくすかだった。路線延長の免許を取得するために運輸省と折衝することが、最優先の仕事だった。さらには、これと並行して、遅々として進まない未免許地域で、同業他社が持つ路線権の譲受を交渉するために全国を飛び回っていた。

そのため、クール宅急便の開発の指揮は、私と一緒に仕事をしていた有富慶二営業推進部長（後に社長）にチーフとして担当してもらっていた。クール宅急便の開発を早めたのは、宅急便で配達される品名の約半分が食品であることがわかっていたからである。さらに、その半分が、温度管理の必要な生鮮食品や肉類、アイスクリームなどだった。

百貨店でも、ハムや乳製品などの生ものや、アイスクリームのような冷凍食品は、贈答品として敬遠されやすい。利用者からすれば、品質が落ちる懸念のあるものを贈り物にするわけにはいかない。

また、いくら宅急便が翌日配達といっても、真夏の季節には夜中でも熱帯夜となる。走行距離にもよるが、朝方着いた場合、トラックのなかの温度が50度を超えることも多い。クール宅急便については、かなりの潜在需要があると考えていた。

当時のヤマトには、小倉社長からも提案があって設置された、「経営戦略会議」(経戦)と呼ばれる新商品開発のための会議があった。専務をトップに役員が5名、提案側として部長や課長、係長など5名程度の約10名で構成していた。少人数だったが、経営者側と担当部門側とのコミュニケーションの場となっていた。

「経戦」は、私が専務だった85年3月に始めた。提案がある部門は、あらかじめ企画部に申し込んだうえで、毎週金曜日の午前中に行われる会議で各部1時間ぐらいずつ提案するかたちにしていた。また、一切、議事録はとらないことにしていた。10名くらいの会議なので、全員が自由闊達に発言できる。大人数で行う業務会議よりも成果があった。私も、毎週金曜日の午前中は、この会議に出席するようにしていた。

「経戦」のいちばんの成果は、若い社員が専務や常務などと対等に議論することで、やる気を起こしてくれたことだった。小人数の会議であれば全員が発言するし、互いに顔も覚える。コミュニケーションをはかるのにも効果的で、機会をつくって話し合うことの大切さを実感した。

ハードウエア開発への資金投入

クール宅急便の議論も、この「経戦」で生まれた。

しかし、出荷先から届け先まで温度管理をしながら荷物を送る仕組みには難点が多かった。温度帯は、冷蔵（5度）、氷温（0度）、冷凍（マイナス18度）の3つとした。集配車や営業所、ベース店、運行車など、全行程に保冷機能を組み込む必要があるため、何回も打ち合わせをした。

たとえば、小型の集配車に冷蔵庫を積むと、その分、積載効率が落ちる。それを避けるには、どのような型式の冷蔵庫がよいか。また、大きなターミナルで荷物を仕分ける際には、どの程度まで大きな冷蔵室が必要となるか。荷物を配達してもお客さまが不在だった際には、営業所にも冷蔵・冷凍庫が必要となるが、どのくらいの大きさのものが必要か。

さまざまな課題が噴出した。すべての工程でのハードウエア開発は初めてのことで、たいへんだった。専門業者にも入ってもらい、知恵を借りながら開発を進めていった。1987年（昭和

62年）からは、テストをしながら販売区域を広げていった。

いまでも記憶に残っているのは、クール宅急便の1回目の稟議書に書かれていた開発金額である。たしか25億円だった。社長になってすぐのことでもあり、印象が強かった。

大きな金額だったから、内容を知らなければ説明を求めていただろう。だが、「経戦」を通じて内容を知っていたので、「ご苦労さん。やっと稟議書にまでこぎ着けたね」と担当者の労をねぎらった。

結局、88年に新サービスとしてスタートするまでの3年間に開発費として150億円を注ぎ込むなど、クール宅急便は、設備費などにおいて相当な金食い虫だった。

「貧乏なヤマトがよく耐えたな」というのが私の率直な感想である。

当時のクール宅急便のコマーシャルでは、作詞や作曲を手がける演歌歌手で俳優の吉幾三さんと、女優の久保菜穂子さんとの掛け合いが話題となった。

久保「こんなおいしいお刺身を食べられるのも、クール宅急便のおかげね。
　　なんていう会社だっけ」
吉「ヤマト運輸」
久保「会社の名前はあまり、ぱっとしないけどね」

クール宅急便専用コールドボックスの積込作業。

こんな具合である。久保さんがヤマトを「ぱっとしない」と表現したところが大いに受けた。

これまでなかった新しいサービスをつくりだすと、お客さまがその使い方を自ら考案し、「待ってました」とばかりに利用してくださり、瞬く間に広がっていく。このことを、クール宅急便からも教えられた。

たとえば、クール宅急便があれば、特産品の生鮮食品を扱う通販業者にとっては、販売する品種を増やすこともできる。また、健康食品や薬品、フィルムを運ぶなど、多岐にわたるクール宅急便の使い方が考え出された。

おかげさまで、2012年、クール宅急便の取扱個数は年間約1億7490万個と、宅急便総個数の約12%を占めるまでに伸長した。いまでは、お客さまに喜んでもらえる特色ある商品のひとつになっている。

通販市場を成長させた宅急便コレクトサービス

今日の社会は、なにかにつけて忙しく、必要な物を買いにいく時間のない人も多い世の中である。かつては、欲しいものを買うときには、それを売っているお店に出掛けて、直接、自分の目で見たり、触ったりして確かめながら商品を購入した。

しかし、最近では、通信販売業界が大きく市場を拡大させ、人々の購買の仕方を変えている。確たる記憶はないが、1985年（昭和60年）前後も、いまのような大規模通販ではなかったが、すでに通販業は存在していた。

このとき、大分県知事だった平松守彦さんの呼びかけで「一村一品運動」本部が県庁内につくられた。過疎県といわれていた大分県を、もっと活性化させようという願いから生まれたと聞いている。

県庁内の本部から、「若者を集めるから、こちらに来て、将来の発展につながるような話をしてほしい」という連絡があった。若者が東京や大阪などの大都市に出てしまうと県内がますます過疎化してしまうので、そのための対策を立てるのが、平松知事のねらいだったようだ。

私は、「一村一品運動」にからんで、次のような提案をした。


大分県は、運送業界から見ると大きな工場も少なく、道路も悪い。魅力のある県とは思っていませんでした。地域は違いますが、東北地方の福島県や山形県も、どちらかといえば工業県ではありません。運送業界では、工業製品がいちばんいい荷物だと思っていましたが、宅急便を始めてみて、そのような考えが間違いだったことがわかりました。

福島県や山形県は、お米を生産している農家がいちばん多いと思います。地区や時期によって違いますが、たとえば、サクランボをはじめ、モモやメロン、ラ・フランス、リンゴなどが生産されています。宅急便が開発されてないころは、親戚、知人に贈ろうとしても、特にサクランボのような傷みの早いものは、万が一を恐れて贈ることができませんでした。生産業者は、いったん東京の市場へトラックで冷蔵輸送し、そこから再配送していました。

これまであまり目を向けていなかった福島県や山形県は、いまでは、ヤマトにとって宝の山だと認識を改めています。

大分県も、工場は少ないかもしれません。しかし、温暖で、山あり海ありで、こんなに恵まれた県はありません。山の幸の新鮮な野菜類や、漁港から水揚げされる魚などを通信販売で関西などに商売として売り込むか、あるいは、チラシをまいて営業活動をすることによって、お客さまさえ獲得できれば、あとは大分県から宅急便で注文先のお客さまに配達すればいいのです。

問題は、代金回収です。運送業者を通じて入金したり、郵便振り込みでお客さまにお願いしたり、なかには返品する人もいるでしょうし、なかなか入金されない人もいます。

しかし、こうした代金回収や清算事務をすべて解決するために、「ヤマトコレクトサービス」(現ヤマトフィナンシャル、当時は石黒章二社長)という子会社を設立しています。同社では、輸送から、代金回収、差出人への入金をしています。ヤマトからの支払いは、締切日を定めて一括清算しています。

簡単に言えば、決済業務に手間をかけず、コストもかからない仕組みです。わざわざ大都会に出なくても、喜んでもらえるものをつくれば、大分県でも十分に商売ができるのではないでしょうか。温暖の地だから、母の日にクール宅急便でカーネーションを出荷したり、父の日には鯛を送ったりすることもできます。一般のお客さまには、宅急便コレクトサービスを利用して商売ができないでしょうか。

たとえば、通販業者がヤマトコレクトサービスと契約を結ぶと、ヤマトコレクトサービスは、通販業者の指示に従って商品を預かり、配達から代金回収、決済までの一連の業務を代行します。必要であれば、受注代行センターで電話による受注も請け負います。

商品の配達は、宅急便のシステムを利用します。その際、受託した商品は、送り先の最寄りの宅急便営業所に届けられ、先送りした情報と照合します。営業所では、その情報をもとにして通常の宅急便と区別して保管し、いつ配達したらよいかを確認したうえで配達します。

商品の代金は、配達時に直接、回収します。回収した商品の代金は、5日サイクルの短期間で清算し、指定の銀行口座に振り込みます。しかも、配達先からの集金の有無にかかわらず、1週間分の発送明細にもとづいて契約者に支払います。このため、契約した通販業者は、商品代金回収に伴う一切の煩わしさやリスクから解放されます。資金繰りの計画も立てやすく、容易になります。

代行手数料は、配達した商品の個数に応じて1件いくらでいただきます。ただし、商品の代金によって手数料には幅があります。最低ランクの1万円未満のものは300円です。

通信販売は、ある意味で参入しやすい事業ですが、顧客のニーズをどう商品に反映させるか、商品代金回収をどうするか、配送のコストをどう抑えるかが大きなポイントだと思います。

おかげさまで、2012年、宅急便コレクトサービスの取扱個数は年間約1億8000万個にまで伸長した。

後発でコンビニエンスストアを取扱店に

宅急便を始めたころ、取扱店のほとんどは、商店街にある酒店や米店などといった個人商店だった。そのころは、まだ、コンビニエンスストアはそれほど多くなかった。セブンイレブンの1号店が出店されたのは1974年（昭和49年）5月だから、先に述べた目黒屋さんが宅急便の取扱店になってくれた76年4月のおよそ2年前である。

しかし、コンビニの利便性が浸透すると、店舗があちこちに増えはじめた。

一方、個人商店の取扱店では、店主が高齢化し、閉店するところもあった。こうした社会の移り変わりとともに、取扱店のあり方も変わらざるをえなかった。コンビニは個人商店と違ってチェーン店なので、たとえば、セブンイレブンであれば、セブンイレブンの本部と一括した契約を結ばなければならない。

だが、ヤマトの取扱店は個人商店が中心で、コンビニを取扱店にするのが遅れてしまった。

遅れたのには理由もあった。これまでお世話になっていた取扱店と競合するだろうと考えていたからである。隣にコンビニができて、ヤマトの取扱店になれば、従来からの取扱店で扱う荷物は、当然、減ることになる。

だが、お客さまの利便性を考えると、急成長するコンビニを無視できなくなってきた。コンビニなら夜間でも荷物を引き受けてくれる。そこで、これまでの取扱店も大事にしながら、コンビニにもできるだけヤマトの取扱店になってもらう拡大政策をとった。

幸いにも、私が社長になった87年には、すでにファミリーマートと契約することができていた。しかし、コンビニ最大手のセブンイレブンはすでに日本通運（ペリカン）の取扱店に、2番手のローソンは日本運送（フットワーク）の取扱店になっていた。

小倉社長(右)の会長就任、私の社長就任の記者会見。1987年6月。

折衝の遅れは、私の判断ミスだった。この大手コンビニ2社を奪還できないか、いろいろ考えたが、とっかかりがなく難しかった。

ダイエー中内会長の決断

1987年（昭和62年）、日本経団連の副会長でダイエーの会長兼社長だった中内㓛さんから秘書を通じて「ローソンの件でお会いしたいので、浜松町のオフィスまで、おいで願えないか」という電話があった。

飛ぶ鳥を落とす勢いの経営者であり有名人だったので、何の話だろうと少し戸惑ったが、ローソンの件だという。もしかしたら商売につながるかもしれないと思ったが、まったく見当がつかなかった。

さっそくダイエーを訪ね、少し緊張して応接室に入ると、そこにいたのは、社長の中内さんひとりだった。お互いに挨拶を交わした後、中内さんから宅配便業界の状況などについての質問があり、本題へと移っていった。

「ご存じだと思いますが、ローソンも、宅配荷物の取り扱いをしており、いまは日本運送さんにお願いをしています」

「はい承知しています」

「日本運送は関西系で、私はよくやっていると思っていたんですが、最近は、チェーン店からの苦情が本部まで来ています。荷物が届かない、問い合わせてもなかなか返事がこないといったことがあるようです。『宅急便』に変えてほしいと言われています」

「日本運送さんは、いい会社なんですがねー」

本当は、ぜひともお願いしますと言いたいところだったが、一歩下がって答えた。

「改善するように何度か申し入れたんですが、一向に苦情が減りません。だから、社長として決断しようと、あなたをお呼びしたのです」

いろいろと懇談した結果、宅急便に変更してもらうことになった。

「ご期待に沿えるよう、一生懸命、頑張らせていただきます。よろしくお願いいたします」

あっという間の面会だったが、以降、ローソンは、ヤマトの取扱店として非常に大きな戦力となった。

このとき、中内さんから、経営者の役割についても学んだ。

中内さんは多忙な方だから、本来なら担当役員に任せてもいいのに、直接私を呼び、自ら確かめて判断しようとした。細かなことは部下に任せ、大事なことは自分で決断するということなのだろう。たしかに、お客さまの荷物が届かなかったり、遅れたりすれば、お店の信用にも影響しかねない。内容によっては、社長が直接、自分で確かめて決断すべきこともあるのだ。

中内さんが私を呼んだのは、「ヤマトの社長が信頼できる人間かどうか」を確かめるためだったのかもしれない。

セブンイレブン鈴木社長からの電話

翌1988年（昭和63年）には、ローソンと同様、秘書を通じてセブン-イレブン・ジャパンの鈴木敏文社長（現セブン&アイＨＤ会長）から電話があった。本社まで来てほしいということだった。鈴木社長とは少し面識があったので、さっそく本社に伺った。

このときも、応接室で待っていたのは、中内さんのときと同様、鈴木社長ひとりだった。ひとしきり雑談した後、鈴木社長から話が切り出された。

「うちは、仕分け作業を日通さんにお願いしています。お客さまから依頼された宅配荷物も日通のペリカン便に委託しているのは、都築さんもご存じでしょう」

「もちろん、知っております」

「ところが、最近は現場の各店から、宅急便に切り替えてほしいと言ってきています。そこで、ヤマトに切り替えることを検討したいと思っています」

まだ、決まった話ではなかったが、ぜひお願いいたしますとお答えした。

それから2週間後、再び呼ばれて、鈴木社長のところへ行くと、こう言われた。

「やはり、ヤマトに切り替えることにします」

この鈴木社長の決断も、中内会長のときと同様、社長対社長の1対1の話し合いのなかだった。おかげで、セブンイレブンからペリカン便に出荷されていた年間400万個の荷物が一気に宅急便に移行し、翌日の一般紙を賑わせた。こうして、私の判断ミスで出遅れていたコンビニを遅まきながら戦力とすることができ、宅急便を増加させることができた。

残念ながら、その後、ローソンは経営陣が変わり、先方の都合で宅急便から、ゆうパックの取扱店に変わってしまったが、日常のサービスの積み重ねの大切さを痛感した出来事だった。

ひょんなことから「魔女の宅急便」

ひょんなきっかけからアニメにも挑戦した。

社長になってまだ間もないころ、すでに他界してしまった徳間書店の徳間康快社長とお会いして、話をしていたときのことである。

「『魔女の宅急便』という本が出ているのを知っているか。一度、あんたに聞いてみようと思っていたんだ」

「そんな本があるんですか。私は知りませんでした。でも、『宅急便』は、ヤマトの商標登録です。勝手に本の題名に使われては困りますね。誰がその本を書いたんですか」

「角野《かどの》栄子という、絵本や童話の創作をしている大学教授だよ」

「もう、その本は出ちゃっているんでしょ、しょうがないな」

「きみ、一度、角野先生に会ってみないか」

こうして、徳間社長を交え、角野先生とお会いすることになった。商標登録の話は、先生に会って直接、伝えることにした。

「ああ、そうだったんですか。本の名前を付けるとき、『宅急便』というイメージしか、頭に浮かんでこなかったんですよ」と、先生から屈託のない答えをいただいたとき、そばにいた徳間社長が、こんな提案をした。

「きみ、そんな堅いことを言わないで。それよりも『魔女の宅急便』で一緒にアニメをやらないか。宮崎駿くんが監督をすれば、必ず当たるから」

映画の制作や配給については、まったくの無知だった。お金が相当かかるし、当たり外れも激しいと聞かされていたので、うちの役員会に提案しても通るかなあという思いが頭をかすめた。だが、徳間社長がおっしゃるとおり、アニメ放映が当たれば相当の宣伝になる。そこで、前向きに考えることにした。

役員会では次のような提案をした。

「映画の制作にあたっては、ヤマトから1億円を出すことになる。映画が当たるかどうかわからないが、損をしても1億円以上は出さない。徳間社長からは、当たったら利益を山分けにしようと言われているが、私としては、そこまで自信がない。なので、1億円を出す代わりに、ビデオテープ6000本を宣伝用にもらうことにしたいと考えている」

役員会では、たとえ宣伝費だとしても1億円は決して少ない金額ではない、といった慎重な意見もあったが、どうしても通したかった。「必ず、よい宣伝になるから」と皆を説得して、役員会の承認を得た。

さっそく徳間社長に伝えると、さすがはその道の専門家である。すぐに記者発表の手配がとられたのには驚いた。1989年（平成元年）3月に行われた記者発表の場では、徳間社長や日本テレビの高木盛久社長（当時）、原作者の角野栄子先生、東映の専務や関係者たちが並んだ。私も同席させてもらい、記者からの質問を受けたりした。このときは、映画の成功を祈るばかりだった。

だが、そうした心配事はすべて杞憂に終わった。同年7月に公開された「魔女の宅急便」は、当時の日本の劇場用アニメ映画の興行記録を更新し、いまだに多くの子どもたちやアニメファンに人気を博している。

その後、アメリカに出張したとき、飛行機のなかでも「魔女の宅急便」が流れていた。これを見て驚くとともに、「俺はなんと度胸のない人間なんだ」と少し反省した。利益が出たら山分けするという徳間社長の提案を素直に受けていたら、会社はもっと儲かっていただろう。徳間社長は、お墓の下で「俺が言ったとおりだったろう」と、私の小心を笑っているに違いない。

クロネコ・マークの意味

ヤマトのシンボルマークは、親ネコが子ネコをくわえている様子を図案化したものである。このクロネコ・マークは、1957年（昭和32年）に制定され、67年に商標登録された。その誕生の経緯は、次のとおりである。

ヤマトは1940年代後半から、アメリカ軍人や軍属の家財の取り扱いにからんで、アライド・ヴァン・ラインズというアメリカ最大のトラック運送会社と提携輸送をしていた。そうした関係もあり、小倉初代社長が渡米して同社を訪れた際のことである。

親ネコが子ネコを口にくわえて運んでいる図案が社内のあちらこちらに貼ってあったので、小倉初代社長が「これは何を意味しているのですか」と質問したところ、会社のマスコット・マー親ネコが子ネコを運ぶように、お客さまの荷物を丁寧に取り扱う。そうした気持ちを表した「クロネコマーク」。

クであり、図案には「子ネコを傷つけないように、大切に運ぶ」といった意味が込められていることを説明してくれたそうである。子ネコを傷つけないように大切に運ぶことは、従業員に対する教えでもあった。

これを聞いた小倉初代社長が、ヤマトでもこれを図案化して使用する許諾を得てきたのである。帰国後さっそく、同図案でマークをつくるように指示が出された。

クロネコ・マークが制定された57年は、私が本社の営業課長になった年だったので、そのときのことをよく覚えている。社内報の「ヤマトニュース」を担当していた清水武くんを中心とするマーク制定のためのチームがつくられ、議論された。ネコを何色にするかで、ずいぶんと時間がかかった。

黄色の楕円形のなかに置くネコの色を赤にするか、あるいは白か、それとも黒色か、あるいはブチにするか。たくさんの案が出されたが、黒がいちばん目立つので、クロネコがいいのではないかという案が有力だった。クロネコは縁起が悪いという意見もあったが、結局、クロネコに決まった。

小倉初代社長は、この図案の意図するところから「まかせてあんしん」というキャッチフレーズを決めた。

また、社名を「大和運輸」から「ヤマト運輸」に変えたのは、82年である。本来なら、宅急便をスタートした76年にそうすべきだったが、社名を変えたら、トラックや営業所、取扱店の看板や旗などを一気に取り替えなければならない。厳しい台所事情での船出だったため、カタカナへの社名変更は、時間をかけてやることにした。当初は、宅急便という新しいサービスを知ってもらうことに全力を尽くした。

［第6章］

ヤマト運輸との出会い

映画会社の採用試験を受けるつもりだった

腰掛けのつもりで入社したヤマトに45年間在籍し、初代の小倉康臣社長や2代目の小倉昌男社長のもとで教育され、一緒に仕事をするようになるとは夢にも思わなかった。

私が大学を卒業したのは、1950年（昭和25年）。終戦からまだ5年しか経っておらず、世の中は不安定、不況でもあった。就職難の時代だったので、叔父の榎本健一（通称エノケン）の縁故を頼って、新東宝か松竹の試験を受けようかと考えていた。

叔父は、私が子どものころ、家によく遊びにきていた。若いころから喜劇役者になることを志し、浅草で人気が出てからは、日劇や有楽座でエノケン一座として活躍していた。私と1歳違いのひとり息子がいて、東京都大田区の池上にあった叔父の家にもよく遊びにいっていたが、残念ながら、その息子は亡くなってしまった。

そのせいもあったのか、甥にあたる私の自宅に立ち寄り、高級車で日劇や有楽座の楽屋まで乗せていっては、芝居がはねると家まで送ってくれた。1日中、楽屋で遊べてうれしかった。東宝の撮影所にもよく連れていってくれた。

こうした生い立ちもあったので、映画会社への就職を考え、相談に行ったことがあった。役者

「エノケン」の愛称で知られる喜劇俳優、榎本健一さん（左）と私の父親。

になりたいのか演出家か、それとも事務関係かと聞かれたので、「役者はちょっと向かないかな」と答えたら、叔父は「映画会社はあまり推薦しないけど、どうしても就職したいなら話をしてやってもいいよ」と言ってくれた。

どうしようかと思っているうちに、大学の就職先案内の掲示板に貼られた、たくさんの小さな張り紙のなかにあった「大和運輸　若干名募集」の文字に目がとまった。大和運輸とは、後のヤマト運輸である。社名から、運送業であることはすぐにわかったが、それまで聞いたことのない会社名だった。

本社が銀座にあり、青山にあった私の自宅から地下鉄で5つ目の駅である。単に「近い」という理由だけで、面接試験の練習にもなるかと思って応募した。こんな動機だから、不合格になっても構わないとばかりに勝手なことを言った記憶がある。

しかし、意外にも、結果は合格。迷ったあげく「これも縁かな」と思い、最初に手にした就職先に入社することにした。

その年には6名の新卒採用があったが、なぜか全員が同窓の慶應義塾大学の学生だった。人事の担当者から、「君たちは大卒定期採用の第1期生だから、これから頑張ってほしい」と言われた。

後に、定期採用は初代社長の発案だったと聞かされた。大卒が必ずしもよいとはかぎらないが、将来のことも考えて採用してみたらどうか、ということだったようだ。社内には、すでに縁故などで入社した慶應や早稲田などの先輩がかなりいた。

このとき採用された同期入社のうち、私以外の5名は、入社後ほどなくして全員が会社を辞めてしまった。なぜ辞めたのかは本人から聞いたわけではないので定かではないが、業種として地味だし、そもそも会社の将来性もなさそうだ、といった理由だったのではないだろうか。

私自身、たいへんな会社に入ってしまったと後悔した。

記録によると、1950年度の社員数は921名で、運送業者としては大きいほうだったことを後に知った。当時は、縁故でもないし、気楽に受けたので、たいした下調べもしていなかった。

汐留営業所に配属される

最初は、港区新橋にある通運部の汐留営業所に配属された。私が入社した1950年（昭和25年）にヤマトが運輸省から免許を取得し、設立したばかりの新しい部門だった。

通運部は、国鉄による貨物を取り扱う部門である。それまでは、日本通運のみが免許を取得していたが、ヤマトと丸運、東京通運（現ティーエルロジコム）の3社が新たに免許を取得し、それぞれ、汐留、秋葉原、飯田町の貨物駅で営業を開始していた。

新規に免許を取得した3社は、当然、ゼロから貨物の取り扱いを始めることになる。そのため、これまで日通を使って貨物を送っていた顧客に対して、取り扱いをヤマトに移行してくれるようにセールスするのが最初の仕事だった。

私は、汐留営業所で、ただひとりのセールス担当だった。汐留駅のホームにある、日通扱いの貨物に付いている荷札を調べては、その荷主の工場へセールスに向かった。

工場が密集していた下町に行っては、工場の門衛の許可を得て、初めて会う見知らぬ出荷担当者の居場所を探し求め、ヤマトの名刺を差し出して、「日通の汐留支店に出している貨物を、ヤマトに切り替えてほしい」と頼み込んだ。

しかし、「これまでの日通との関係があるから、そう簡単に切り替えるわけにはいかない」と断られ続けた。

そんな簡単にお客さまを獲得できるはずがない。しかし、営業所に戻ると、上司から「今日はお客さまとうまく話ができたか」と聞かれる。そんな毎日だった。

それが連日にわたると、さすがにいやになり、営業所に戻りたくないという気持ちになった。喫茶店などで時間をつぶして、夕方、営業所に戻ることもあった。

3年間頑張ったが、なかなか成果があがらないので嫌気がさし、ある日、所長に「会社を辞めたい」と申し出ると、「本社と相談するから、ちょっと待て」と言われた。

翌日、所長から呼び出された。

「第1期生は、きみひとりしか残っていないので、辞めては駄目だ」

「しかし、私ひとりが貨物集めの営業を頑張ったところで、貨物がたくさん集まるわけではありません」

「だが、縁があってヤマトに入社したんだろ。その縁を大事にして頑張れ」

所長から激励されて、悩んでいた気持ちが少しほぐれた。所長も、まだ若い自分に期待してくれているのだと感じ、こんなことでは駄目だと発奮した。

このとき、上司が私に気合いを入れてくれなかったら、ヤマトにはいなかっただろう。上司のたった一言が、その人間の運命を決めることもある。その後、部下を持つようになってから、当時のことを思い出して、改めてそう感じた。

以後、どんなに苦しいことがあっても、常に前向きに考えた。ヤマトを辞めようと思ったことは一度もなかった。

転勤辞令が出るも1カ月間着任せず

汐留営業所に配属されてから6年ほど経ち、「汐留支店」と改称されたころには、セールスも順調に進み、収入と利益が一気に向上した。主要部門である路線トラック部を抜き、まるで会社を背負って立つ支店であるかのようになるまで成長した。

大学の後輩にあたる伝谷恵重くん（後に常務取締役）をはじめ、部下となる若手が育ち、活躍していた。私も営業課長となり、初めての肩書がついたことでがぜんやる気を起こしていた。もっと効率よくセールスをするために、会社がホンダのオートバイ「ドリーム号」を購入してくれた。それまでは、もっぱら電車を使っていたので、オートバイでの営業は画期的なことだった。

しかし、ほどなくして私は、荷主回りの途中、トラックに衝突する大事故に遭う。オートバイは原型をとどめないほどに壊れた。いま生きているのも不思議なほどの大事故だった。その後も何度かケガをしたが、仕事を続けられたことは幸運だった。

１９５７年（昭和32年）には、本社への転勤辞令が出た。

通運部の汐留営業所から、ヤマトの主要部門である路線トラック部門に、しかも、本社の営業課長への異動である。誰もがなりたいと思っていた花形のポジションだった。

ところが、上司となる営業部長は、私の着任を歓迎していないようだった。所用で本社に立ち寄った折に偶然出くわした部長からは、「まさか、経験のない君が来るとは思わなかったよ。務まるのかね」と皮肉めいた口調で言われた。

また、部長だけでなく、路線トラック部門のベテランの各営業所長たち、さらには労働組合までもが、私の着任に反対しているということを風の便りで聞いた。

「入社歴7年、29歳の独身で、傍系である通運部の経験しかなく、トラック輸送については何も知らない者に営業課長など務まるはずがない」と皆が猛反対しているということだった。

当時、路線トラック部門はヤマトの主要部門だが、業績が落ち込んでいた。それを立て直すには、トラック便の経験がない者にやらせたほうがよいだろうという小倉初代社長の発案だったことは、先に述べたとおりである。

だが、当時の私はそんなことを知るはずもない。まさか初代社長の発案だとは、夢にも思わなかった。私は、皆が反対するのも当たり前だと思い、1カ月、辞令を無視して本社に着任せず、汐留に出勤していた。いまなら、クビになっていただろう。

「それを聞いた小倉初代社長が、使ってみて使えないとわかったなら、その時点で代えればいいではないかと言った」という噂を聞き、ますます着任したくなくなった。

そして、ついに、本社の小沢専務と村山常務から呼び出しを受けた。

「1カ月も前から辞令が出ているのに、なぜ、いつまでも来ないのか」

ふたりから、ひどく怒られた。

営業課長の席は、専務や常務の席と向かい合うかたちの最前列にあったので、目立ったのかもしれない。私には、会社を辞めるか、本社の営業課長として着任するかの選択しかなくなってし

営業課長時代の私。1956年ごろ、旧本社前で。

まった。やっと軌道に乗ってきた汐留支店でもう少し仕事をしたいと思ったが、火中の栗を拾わざるをえず、本社に着任した。

だが、案の定、現場で自由に仕事をしていた私にとって本社の雰囲気は堅苦しく、しばらくのあいだ、馴染めなかった。

しかし、人生というものは何が起こるかわからない。この後、私の上司として営業部長に着任した小倉昌男さんと出会うことになる。

小倉初代社長のカバン持ち

どん底から生まれた宅急便は、その開始にあたり、数々の幸運にも恵まれた。

そのうちのひとつが、小倉初代社長がつくり上げた「大和便」のネットワークである。大和便は、路線ごとに小口貨物を積み合わせて運ぶトラック便だった。貸し切りのトラックが「タクシー」だとしたら、大和便は「乗り合いバス」のようなものだった。

この大和便のネットワークがあったからこそ、ヤマトは、オイルショックのどん底からはいあがり、宅急便サービスをすぐに始めることができた。初代社長がつくり上げた路線トラック便のネットワークは、関東地方を網の目のように結ぶ強力なものだった。このネットワークがなければば、宅急便を立ち上げることはできなかった。

小倉初代社長については、こんな思い出がある。

1960年（昭和35年）ごろ、まだ、私が本社営業課長で、小倉昌男さんが部長になってしばらくしたときのことである。小倉部長からこんな相談をされた。

「親父が3日ばかり、関東の営業所の視察やお客さま回りをしたいと言っているんだが、君がついていってくれないか」

私は驚いた。怖い社長だと聞いていたので、できれば遠慮したいと思った。

「私には営業課長という仕事があります。秘書課長のほうがよいのではないでしょうか」

「社長のご指名だからさ。一緒に行ってくれよ」

小倉部長から強引に言われ、これは逃げられないなと思った。

これを機に、小倉初代社長に随行することが多くなった。仙台線や高崎線、宇都宮線、常磐線などの沿線にある直営店や荷扱所に行くときに、ときには大阪や京都にも随行した。

初めのうちは緊張していたが、かえって気を使いすぎると「そんなに気を使うな」と言われるので、何回か行くうちに、最低限の礼儀さえわきまえていれば別にどうということもないと感じるようになった。

福島にある日東紡を訪問し、挨拶に随行したときのことである。工場の窓ガラスを一斉に拭いている工員さんたちの姿を見て不思議に思ったのか、小倉初代社長が工員さんたちに声をかけた。

「大掃除かね」

すると、近くにいた工員が答えた。

「明日、うちの社長が見えるのです。それで、きれいにしているのです」

「うちの会社でも、社長が来ると皆、ああいうふうにしているのか」

小倉初代社長が独り言のように私に質問してきたので、笑うわけにもいかず、「そうですね」とだけ答えた。

「まあ、いいことだよな」と言っていた。

こうして、小倉初代社長とは行く先々で一緒に食事をし、温泉宿に泊まった。風呂に入ると、背中を流してくれと言われたりして結構、楽しかった。親子ぐらいに歳が違っていたからだろう。

同行中は、移動するクルマのなかで業務について厳しく指導されたり、創業時の話をしてくれたりした。

「ヤマトの創立時、国内にまだ貨物自動車が204台しかなかったころ、ヤマトは4台持っていた。運賃が高かったが、いちばん最初に貨物自動車を使ってくれたのが三越さんだった。だから、三越さんには足を向けて寝てはいけないよ」

この話のために、およそ20年後、岡田三越と縁を切るとき、初代社長の顔が思い浮かんで困っ

小倉康臣相談役の米寿のお祝い。1977年10月15日、日本倶楽部で。

たことがあった。

この他にも、社訓の意味や会社の歴史、労働組合に対する考え方、業界動向など、さまざまな話を聞くことができた。

なかでもすごいと思ったのは、「小口荷物積み合わせ」のシステムを考案したことだった。初代社長が国際会議で海外に行ったときに思いついたもので、帰国後、いち早く関東地方で路線免許をとった。当時、関東に地盤を持つヤマトは、日本一を目指していた。

主として関東地方をエリアとした「大和便」と、全国ネットワークを目指した「宅急便」。両者の違いはもちろんあるが、私にとっては、宅急便を始める際、初代社長の話が大きな参考になった。創業社長の偉大さには頭が下がるのみである。

粟飯原委員長との不思議な縁

人の縁というものは不思議なものである。本書ですでに紹介した組合委員長の粟飯原さんとの出会いもそうだった。

1964年(昭和39年)、東京—大阪線の免許取得に伴い、本社営業課長だった私は、新設の綱島ターミナルに支店長として赴任した。「さあ、免許が下りた大阪線で、先行業者に追いつくぞ」

と私の血は燃えたぎっていた。

このとき、労組本部から分会長として派遣されてきたのが、粟飯原さんだった。

綱島支店では、運行や作業などの効率化と安全をはかるために、私と次長や課長、運転士や作業員などの職場委員らで「職場連絡会」をつくり、毎月、会合を開いていたが、そこに粟飯原さんにも組合代表として加わってもらっていた。

それまで私は粟飯原さんをまったく知らなかった。しかし、この連絡会をきっかけに妙に馬が合い、会社帰りに綱島の一杯飲み屋でよく酒を飲むようになった。

もちろん、このころは、まさか10年後に、粟飯原分会長が労組本部の執行委員長として、また、私が本社の常務として宅配事業の開始をめぐって水面下で交渉をするようになるとは思ってもいなかった。

もしも、この綱島での縁がなかったら、会社側が宅急便の提案をしても、労使がもめて宅急便は実現しなかったかもしれない。古手の運転士たちの反対が多いなか、粟飯原執行委員長が執行委員会の一任を取り付け、伊野副委員長などの若手とともに宅配事業開始の推進力となってくれたからである。

粟飯原さんが労組本部から分会長として綱島支店に派遣されてきたことは、宅急便にとって大きな縁結びになった。

東京―大阪線を強化するために開設した綱島ターミナル（神奈川県横浜市）。

綱島支店長時代の思い出

綱島支店では、こんなこともあった。

東京―大阪線の免許取得にあたり2000坪くらいの東京側の基地が必要となったが、適当な土地がなかなか見つからなかった。最終的には、東京と横浜を結ぶ中原街道の綱島（横浜市港北区）に決めたが、街道から少し入った場所で道路は狭く、舗装もされていなかった。周囲は田んぼだった。

必ずしも最適な場所ではなかったが、会社の台所が苦しかったのでやむをえなかった。貨物の積み下ろしを行うためのプラットホームや平屋建ての事務所、食堂、そして長距離運転士のための風呂場などを急いで建設した。いま考えると貧弱な基地だった。

支店が竣工する少し前、労働組合本部の幹部や、綱島支店に異動予定の古手の運転士たちから、新支店長の話を聞きたいという申し入れがあった。私としても支店長を務めるのは初めてだったし、皆の名前や顔を知りたかったので、すぐに了解した。

話し合いは長時間にわたった。細かいことは忘れてしまったが、ひとつだけ記憶しているのは、「マイクロバスを買って、綱島駅と支店とのあいだを走らせてくれないか」という要望だった。

徒歩だと20分程度かかるのに加えて、雨が降ると道がぬかるみ、長靴でも潜ってしまうほどだった。

前例はなかったが、私は即座に「わかった。本社に話をして必ず買ってもらうから心配するな」と答えた。

しかし、本来なら、物品を購入するには、稟議書を書いて関係部長の印をもらい、担当役員の承認を得なければならない。通勤用のマイクロバスを購入するといった前例もない。即座に約束して少々早まったかなとも思ったが、本社にこの話をしたら、何の抵抗もなく了解してもらい、皆の期待に応えることができた。

いまなら、たいしたことではないが、たった1台のマイクロバスで皆が私を信頼してくれるようになった。都内近距離線の運行基地からの混成部隊だったため、開所当時はしっくりいかないこともあったが、新しい支店だったので何をやるにも前例がなく、やりやすかった。

初日の朝礼では、小倉初代社長がお祝いと訓示をされた。何を言われたのかは覚えていないが、激励してくれたことをたいへんうれしく感じたことを記憶している。

開店早々、貨物を集めなくてはならなかった。大型トラックでの輸送にふさわしい大口荷主にセールスをかけ、日本ビクターや松下電器、モービル石油などを主要顧客として獲得することができた。しかし、業界では貨物争奪が激しく、荷主から運賃の値引きを強要されることもしばしばあった。

小倉昌男さんの清濁併せ呑む会

小倉さんとは、部長と課長の関係になってから35年間、沈没しかかっていたヤマト丸を浮上させようと、宅急便をテコに必死になって頑張ってきた。そして、どん底から脱け出すことができた。

宅急便を発想した小倉さんは名経営者だといつも尊敬していた。長いあいだには、意見が衝突するときもあったが、いつも、しこりは残らなかった。

人間だから欠点のない人はいない。小倉さんも私もたくさんの欠点を持っていた。だが、性格がまったく違っていたから、かえってよかったのかもしれない。役人や業界の方々からは、「難しい小倉さんとよく一緒にやっていますね」と、いつも冷やかされていた。

小倉さんは、私よりも考え方が論理的で、ことと次第によっては人を寄せ付けない意志の強さがあった。特に運輸省に対しては攻撃的で、一切の妥協をしない人だった。

そんなふたりだったが、常に前向きに挑戦する性格はよく似ていた。

全国ネットワークをつくっていくときの運輸省との折衝では、小倉さんが、まず、大砲で弾を撃ち込んだ後、私が匍匐《ほふく》前進をしながら敵地である運輸省に出向き、「なぜ、小倉さんが弾を撃ったのか」を説明しつつ交渉を進めていくといった役割分担ができていた。

後に社長を経験してわかったことだが、社長となると忙しいし、特に社内外で起こる悪い報告が入ってきにくくなる。私は、常に2番手として、小倉社長が知っていなければいけないことだけを仕分けして報告するように意識していた。社内から上がってくる案件や相談事は、おおよそ7対3ぐらいで専務の私が処理をしていたと思う。

小倉さんにしてみれば、専務をひとりだけ置いておけばよいということで、長く私を部下にしていたのだろう。

1984年（昭和59年）、小倉さんの還暦を祝う会が、日本工業倶楽部で開催されたときのことである。同業者やヤマトの関係者が数多く集まった。

催しの名称をどうしようかと事前に幹事が集まって相談していたとき、皆の意見は、「小倉昌男さんの清濁併せ呑む会」にしようということで一致した。

会名には、「清い酒ばかりでなく、たまには濁酒も呑んでください」という意味が込められていた。小倉さんの性格にぴったりの会名で、大笑いしながら小倉さんを酒の肴にして祝った。

89年、今度は私が酒の肴になった。会名は「都築幹彦くんにますます励まされる会」である。還暦のお祝いで「励ます会」ならわかるが、その逆である。私の持ち歌である「憧れのハワイ

私の還暦を祝ってくれた「都築幹彦くんにますます励まされる会」で小倉会長と。1989年3月6日、日本工業倶楽部で。

航路」が流れるなか、登壇させられ、皆が祝ってくれた。

会社では厳しかった小倉さんは、社員から近寄りがたいと誤解されることもあるが、根は明るく、細かいことにまで気を使う配慮の人だった。

たった一度だけの値上げ

1987（昭和62年）から91年までの4年間、社長を務めたが、そのとき、辞表を懐に入れて小倉会長と大激論をしたことがある。

幸いにも社長に就任したときは景気もよく、宅急便の取扱個数もかなり増えたが、逆に会社はたいへんな困難に直面していた。ドライバーの数が取扱個数の伸びに追いつかないのである。

製造業であれば、設備投資をして工場のラインを増やしたり、フル稼働させたりして注文に応えることができるが、運送業ではそうはいかない。トラックを増やしても、ドライバーがいなければ仕事にならない。

宅急便は開始以来、「取扱個数が増えれば密度化が進んでコストが下がり、結果的に利益が増える」という方程式のもと、一切、値上げをしてこなかった。むしろ、第4章で述べた「Pサイズ事件」のときのように、2キロ以下の超小口荷物については運賃を安くして量を集める手法をとった。

しかし、このときは、増え続ける需要にドライバーの数が追いつかなくなっていた。取扱個数が増えることはたいへんありがたいが、十分な人手がなければサービスの質が落ちて、お客さまの信頼を失う恐れもある。信頼というものは、一度失ったらなかなか元に戻らない。

長時間労働を嫌って、会社を辞める者まで出てきていた。伊野労組委員長からも、もっとたくさんドライバーを採用するよう強く申し入れがあった。大阪や名古屋、千葉などの労働基準監督署からも労働時間の是正について勧告があり、滋賀では専務も呼び出されて対応策の説明を求められた。

私は、至急ドライバーの採用に手を尽くすよう支社長らに指示し、本社の人事部にもその意向を伝えたが、他社でもドライバーが不足していたために人材の取り合いで、思うように増員が進まなかった。

そのため、やむをえず、今回一度かぎりの100円値上げを考えた。現場の社員には長時間労働を強いており、このままでは交通事故を起こすおそれさえある。宅急便の開始以来15年間値上げをしていなかったが、1人あたり人件費は当時の2倍になっていた。また、将来のことを考えれば、たびたび値上げするよりも一度だけの値上げにすべきである。

そう考えた私は、さっそく運輸省に赴いて宅急便の認可運賃を値上げしたいことを説明したが、受け入れてもらえなかった。

「宅急便の値上げは市民生活に影響を与えるため、認可申請を受理できない」ということだった。

値上げをめぐって小倉さんと大激論

一方、社内では小倉会長が値上げに反対で、会長室で猛烈な激論を戦わせた。

「ヤマトが100円値上げして、ペリカンが値上げをしなかったら、荷物はペリカンに移るだろう。単価を上げたために個数が減ったらどうするんだ」

「一時的にそうなるかもしれません。でも、相手も苦しいはずだから必ず値上げしてきますよ。それより現場の状況を見れば、ドライバーを採用せざるをえません。サービスの質をもっとあげれば、お客さまも戻ってきますよ」

社内では小倉さんの反対、社外では運輸省の反対、現場では労組からの申し入れと、社長としてとるべき策は難しかった。特に小倉会長の反対は強硬だった。

これまでも経営に関する意見の相違はしばしばあったが、このときだけは、私も頑として譲らなかった。もし値上げをして取扱個数が前年を割ったら、小倉さんのいうとおり赤字になるかもしれない。そのときは、辞表を出して社長を辞める覚悟でいた。

その後、運輸省には、長時間労働を理由に認可運賃の改定を理解してもらい、1990年（平成2年）12月に認可された。また、ペリカンもほどなくして、私の予想どおり100円値上げしてきた。価格差がなくなり、ほっと胸をなでおろした。

翌年の決算期には、宅急便の取扱個数が前年比109％と、むしろ前年を上回った。おかげでドライバーを増員でき、労働問題もある程度まで解決することができた。

世の中は好不況を繰り返すが、その後、91年から92年にかけて再び不況風が吹いた。もしも値上げの判断が遅れていたら、運賃改定はできなかっただろう。

小倉会長は心配していたが、最後には、君の判断が正しかったなと言ってくれた。たった一度の値上げだったが、お客さまサービスを実現するための設備投資の財源として寄与している。

ヤマトから学んだこと

信頼されることの大切さ

最後に、私がヤマトから学んだことをまとめておきたい。それは、会社にとって「信頼」「挑戦」「社員」がいかに重要かということである。

まずは、信頼されることがいかに大切かということである。

これは、宅急便を始める前、ヤマトの経営が悪化したときに強く感じていた。かつては運送業界で一流といわれた会社が、なぜ、信頼されない三流会社になってしまったのか。

運送会社にとっては、荷物が集まらないことには商売にならない。だが、それには、会社がお客さまから信頼されていなければならない。お客さまの立場に立てば、信頼できない会社に荷物を出す理由がない。

そのため、「翌日配達」を打ち出すなど、宅急便の開始にあたっては、お客さまの立場を最優先に考えるようにした。

取扱店の争奪戦が起きたとき、他社が「連絡運輸」で拡大を目指すのを尻目に、あくまでヤマト単独での全国ネットワークの確立を目指したのも、お客さまのことを最優先に考えたからである。連絡運輸では、荷物が届かなかったり、遅れたりしたとき、責任の押しつけ合いが必ず起こる。これでは、お客さまから信頼されるサービスを確立できない。

利益というのは、あくまで結果であり、信頼されるサービスができなければ利益など付いてこないのである。逆に、信頼されれば、お客さまが喜んで集まってくれて、荷物が増える。そうして荷物が増えれば、宅配便の生命線である「密度化」が進み、たとえ小口であれ、ひとつの荷物を運ぶ際のコストを下げることができる。結果として、利益が出る。

したがって、利益をあげるにはどうすればよいかを考えるなら、まずは、お客さまや取引先から、さらには社員からも信頼される会社になるにはどうすればよいかを考えなければいけない。

挑戦つきることなし

次に、挑戦することがいかに大切かということである。

ヤマトは、長い歴史のある会社である。だが、一度、成功してしまうと、仕事の進め方や考え方はどうしても硬直化してしまう。経営者も管理者も、現場の担当者も「これでいいのだ」という常識にとらわれてしまう。

宅急便を始める前の、どん底のヤマトがまさにそうだった。当時のヤマトは、「何の特色もない運送会社」になってしまっていた。

本来なら、世の中が変われば、常識だって変わるはずである。だが、人は、自分の考えが正しいと思い込みがちである。

ヤマトにとっては、関東地方においてトラック便で成功していたことが、後のゴールデン・ルートという成長市場を獲得する際の障害となった。また、小口宅配は無理だし面倒だといった思い込みが、宅急便を始めるにあたっての障害だった。いつまでも商業貨物の常識にとらわれていたら、家庭の小口荷物を扱うといった発想は生まれてこなかっただろう。

そういう意味で、小倉さんは名経営者だったと思う。「宅配は儲からない」という神話を覆したのだ。

常識にとらわれているから、革新が生まれず、会社も変われない。社長が言い出しても、現場は新しい仕事に反対する。だが、それを乗り越えることもリーダーの仕事である。

「何の特色もない会社」では生き残れない。新たな革新を起こすには、まずはトップが率先して発想を変え、社内の反対や役所の規制を打ち破って挑戦しなければならない。

まさに、挑戦つきることなし。挑戦しなければ、組織の硬直化が進むだけである。

社員こそ会社の商品

私がヤマトから学んだことの3つめは、会社にとって、社員がいかに大切か、ということである。「社員こそ、会社の商品だ」と言ってもよい。

仕事は人が行うものである。社員がお客さまと会って、ビジネスが進んでいく。ヤマトでいえば、お客さまと直接、接する集配ドライバーこそが商品である。宅急便を開始する前の業績が落ち込んでいたときには、お客さまから「ドライバーの質が悪い」といった指摘をよく受けていた。

社員のなかでも、第一線でお客さまと接するドライバーが最も重要である。宅急便を始めた当時、集配ドライバーが不足していたので、新規採用をしたが、そのころのドライバーは、伝票にもとづいて配達だけをしていればよかった。新規顧客とは運賃について交渉したり契約したりしなければならなかったが、それは営業係が担当していた。

しかし、営業係も不足していたので、ドライバーに配達だけでなく営業やセールスもしてもらうことにした。宅急便の場合は、料金が決まっているので、改めてお客さまと交渉したりする必要がない。

セールスもしてもらうようになって、ドライバーたちの意識も変わった。それまでは、受取印をもらうだけだったが、「荷物がありましたら、お電話ください。1個でも集荷に来ますから」などとお客さまに声をかけたりするようになった。やる気が倍増したようである。

では、どうしたら、よい社員を育てることができるか。

これこそが、経営者の仕事である。人を育てていない、あるいは人が育っていない会社は、それ相応にしか見られないだろう。たとえば、お客さまにとっては、その会社の担当者がベテランだろうが、新人だろうが関係ない。

人は機械ではないのだから、誰もが簡単に育つ方法など存在しない。ひとりひとりをきちんと見ていけるかどうかである。

このことを特に痛感したのは、先に述べた、クール宅急便の開発のときだった。若い社員たちは、毎週金曜日の午前中に行われていた「経営戦略会議」で専務や常務などと対等に議論することで、やる気を起こしてくれた。機会をつくって皆で話し合うこと、すなわち、コミュニケーションの大切さを学んだ。

考えてみれば、スキー宅急便が生まれたのも、長野支店のドライバーたちの会話にあった。

また、ヤマトの営業所では、集配ドライバーを7～8人の小さなグループに分けて、互いに話し合っている。担当地域を最も効率的に回るルートはどれか、最適な駐車場はどこかなどをお互いに教え合うなかで、ドライバーたちが自ら考えるようになる。

宅急便を始めたころ、株主総会で出席者から、「宅急便の荷物を紛失したり破損したりしたときに損害賠償をするために保険をかけているのか」という質問を受けたことがある。ヤマトでは、宅急便の荷物には一切、保険をかけていない。万一、事故が起きたときには、会社が自腹を切って支払うことにしている。

宅急便で運んでいる荷物は、世界にひとつしかない個人の荷物だからである。いくら保険をかけていても、お金で解決できないものもある。また、保険をかけていると作業にも甘えが生じる。紛失しないように、そして、事故を起こさないように緊張感を持って仕事に取り組むことが重要である。

こうしたことも、社員の緊張感を高め、成長を促す一助になっていると思う。

小倉昌男さんと共にヤマトを去る

1991年（平成3年）の株主総会で、当時の社長引退のルールに則って62歳で社長を退任した。この社長引退のルールは、小倉昌男さんが社長のときに提案し、役員会で決めたものである。その後、会長と相談役をそれぞれ2年務め、66歳でヤマトから完全に退社した。

95年の株主総会が開催される1カ月ほど前、小倉さんのいる会長室に、在任中のお礼を伝えに行ったときのことである。

「長いあいだ、一緒に仕事をさせていただき、ありがとうございました。いろいろなことがありましたが、勉強もさせていただき、楽しい人生でした」

「どうもご苦労さまでした。君には公私ともに世話になり、こちらこそありがとう。私も君と一緒に退社することにするよ」

私は、まさか小倉さんが一緒に辞めるとは想像していなかった。

「小倉さんは、まだ、会長を続けたほうがいいのではないですか」

そう言ったが、小倉さんの意思は固かった。

こうして95年、小倉さんと私のヤマト運輸での人生は終わった。

謝辞

1年2カ月をかけてやっと書き上げた、私にとっての初めての本である。まだ、書き足らないところもあるが、さまざまなことを思い出しながらの執筆は、このへんで終わりにしたい。

どん底だったヤマトは、そこからはいあがるために発想を転換し、民間では無理だといわれていた宅配事業に、全社一丸となって挑戦してきた。事業としては相当なリスクがあったが、生き残るために危険を冒してでも挑戦せざるをえなかった、と言っても過言ではないだろう。

小倉さんの経営者としての決断がなければ、全国翌日配達の宅急便はなかった。

途中で何度も挫折しかかったが、労使一体で頑張ってきたからこそ、今日がある。共に戦ってきた社員や関係者の皆さんに感謝の気持ちでいっぱいである。

また、念願の全国ネットワーク網をつくり上げるために、監督官庁の運輸省には無理をいったこともあったが、最終的には、ヤマトが目指していた宅配サービスを理解してくれた。その衝にあたった者として、携わっていただいた多くの方々にも、この場を借りてお礼を申し上げたい。

この本の刊行にあたっては、宅急便の開発時に仲間として頑張ってくれたヤマトホールディングス会長の瀬戸薫氏をはじめ、社長の木川真氏、ヤマト運輸社長の山内雅喜氏、その他多くの方々による支援と協力があった。心より感謝したい。

また、写真や資料、データ収集に奔走してくれたヤマトホールディングス100周年記念事業担当の白鳥美紀氏、1冊の本を書くという挑戦に向けて私の背中を押してくれた一橋大学大学院商学研究科の伊藤邦雄教授、実際に執筆を進めるにあたり、さまざまなアドバイスをしてくださった日本経済新聞出版社の伊藤公一氏にも謝意を表する。

数の推移

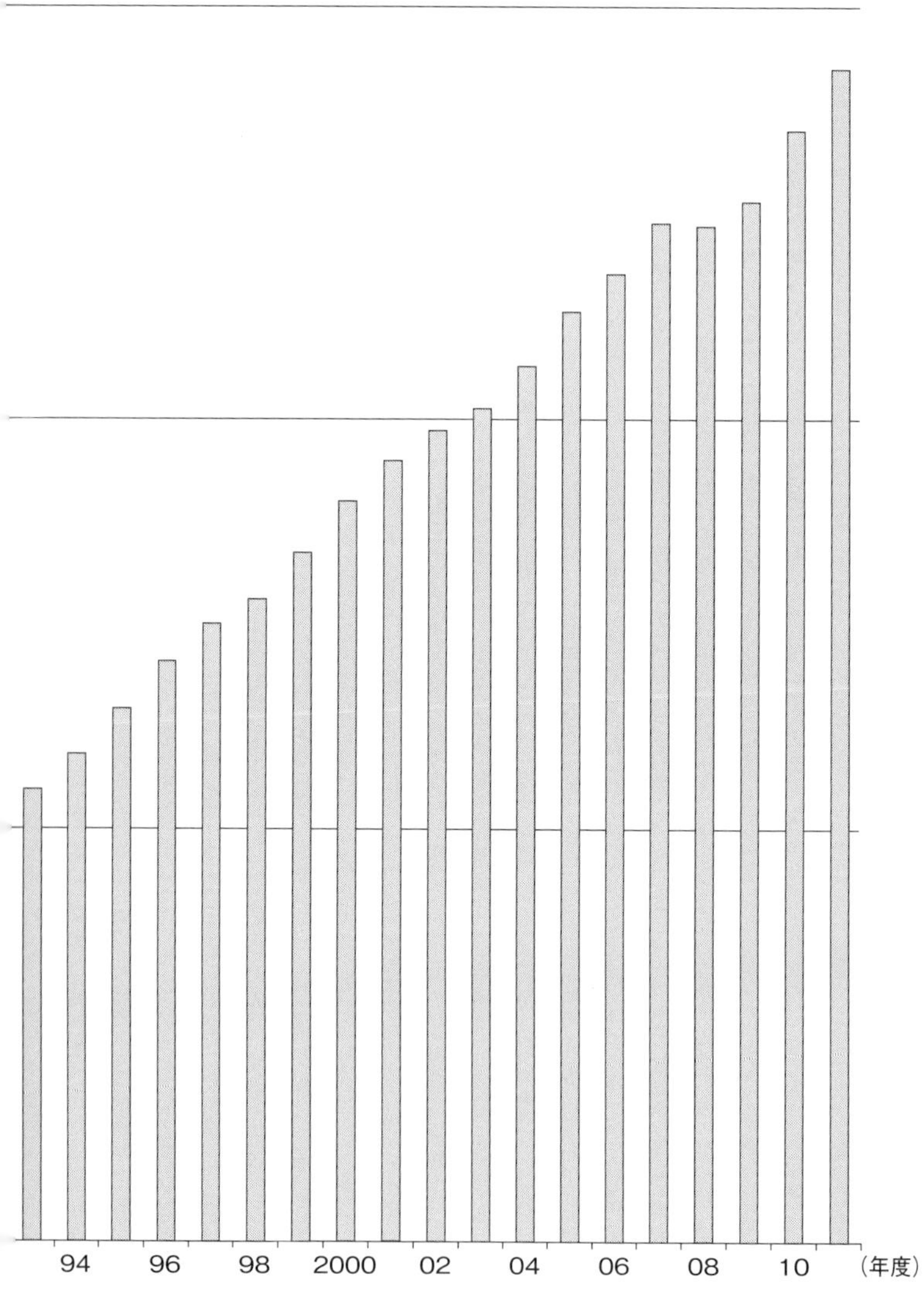

宅急便の取

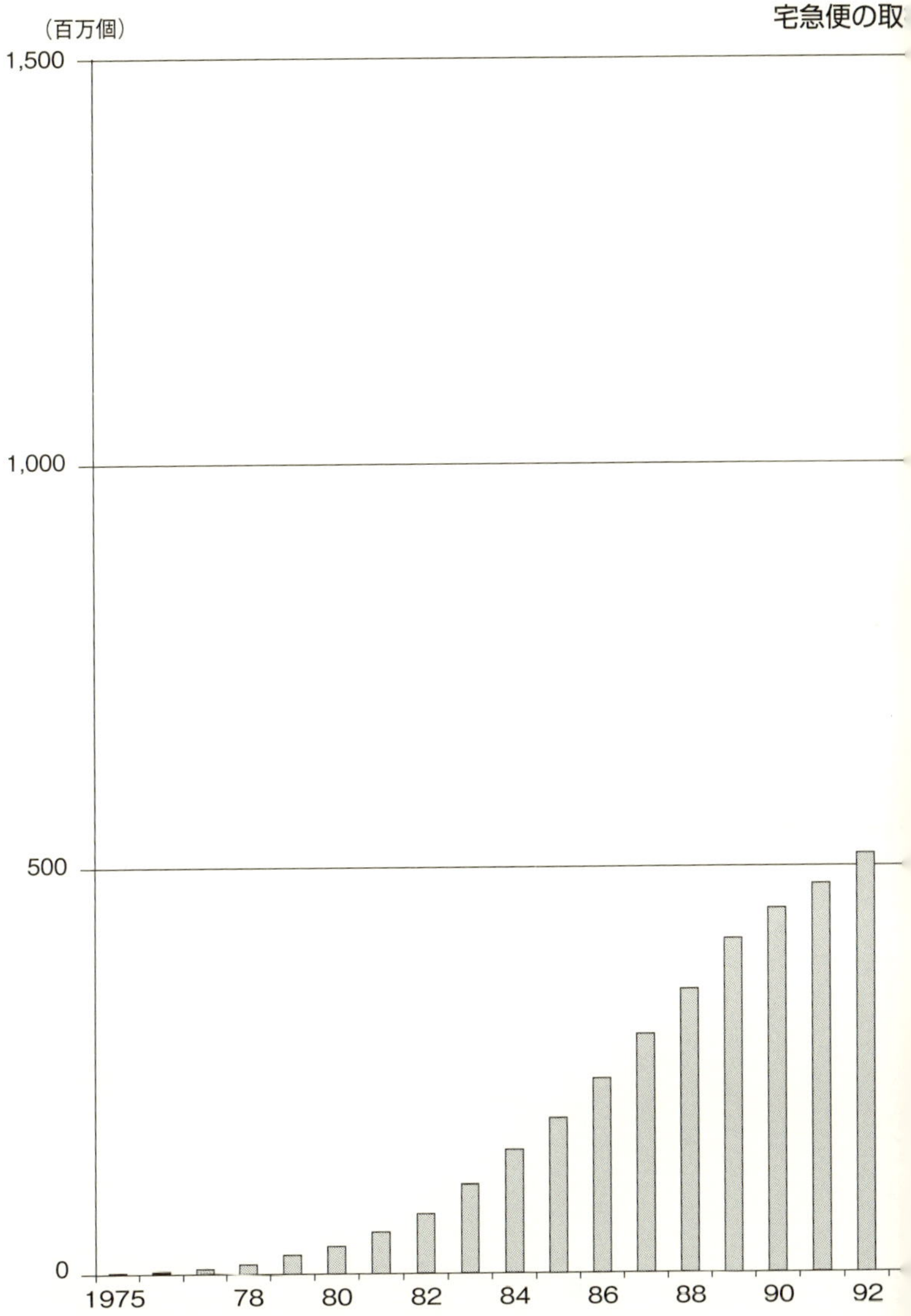

（注）1975年度は76年1月20日から3月31日までの合計。

■著者略歴

都築 幹彦（つづき・みきひこ）

1929年（昭和4年）	東京生まれ
1950年（昭和25年）	慶應義塾大学経済学部卒業後、大和運輸（現ヤマト運輸）入社、通運部汐留営業所に配属
1957年（昭和32年）	路線部営業課長
1964年（昭和39年）	綱島支店長
1967年（昭和42年）	路線部次長
1971年（昭和46年）	路線部長（1973年より取締役）
1975年（昭和50年）	常務取締役関東支社長
1977年（昭和52年）	常務取締役営業開発本部長
1981年（昭和56年）	常務取締役営業本部長
1983年（昭和58年）	代表取締役専務
1987年（昭和62年）	代表取締役社長
1991年（平成3年）	代表取締役会長
1993年（平成5年）	取締役相談役
1995年（平成7年）	退社

どん底から生まれた宅急便

2013年4月22日　1版1刷

著　者　都　築　幹　彦
©Mikihiko Tsuzuki, 2013
発行者　斎　田　久　夫

発行所　日本経済新聞出版社
http://www.nikkeibook.com/
東京都千代田区大手町1-3-7　〒100-8066
電話　03-3270-0251（代）

印刷・製本　中央精版印刷
ISBN978-4-532-31883-3 Printed in Japan